외워서 바로 써먹는

단타 공식

DAY TRADING

외워서 바로 써먹는
단타 공식

이창원 지음

매일경제신문사

주식시장에 오랜 기간 몸담으며 쌓은 수많은 경험 중 독자들에게 꼭 알려주고 싶은 내용을 최대한 쉽게 설명하려고 노력했다. 이제 막 주식을 시작한 초보 트레이더뿐 아니라 5년~10년 주식을 해도 아직 본질을 이해하지 못한 트레이더들에게 이 책이 도움이 될 것이라고 확신한다. 우리는 주식을 하며 일종의 수업료를 낸다. 100만 원으로 시작하면 100만 원을, 1억 원으로 시작하면 1억 원을 낸다. 즉, 아무런 경험 없이 시작한 돈은 대부분 수업료로 시장에 납부하게 된다는 뜻이다.

그만큼 주식투자에는 경험과 지식이 중요하다. 초보 트레이더가 책 한 권을 읽고 다음날 갑자기 실력이 뛰어난 트레이더가 될 것이라고 생각하지 않는다. 주식투자는 실전 경험이 가장 중요하기 때문이다. 다만 오랜 실전 경험이 바탕이 된 노하우는 책으로 충분히 간접경험할 수 있으며, 목표를 향한 올바른 길을 제시해줄 수 있다. 아무런 이정표 없이 시작하는 사람들보다 앞서 갈 수 있는 방법이 된다. 주식은 처음 방향을 잘못 잡으면 몇 년 동안 허송세월을 보낼 수 있다. 그리고 처음 길들여진 잘못된 매매습관을 고치려면 더 큰 노력과 시간이 필요하다.

이 책은 독자들에게 올바른 단기투자의 방향을 알려주는 이정표가 될 것이다. 이후 주식투자의 성공 여부는 끝없는 연습과 자기 성찰에 달려 있다. 차가운 피가 흐르는 주식시장에서 살아남아 소수의 승리자가 되기를 진심으로 응원한다.

1부

단기매매의 기본
기술적 분석

실전투자 캔들 해석

캔들은 기술적 분석을 할 때 가장 기본적인 지표다. 망치형, 십자가형, 장대양봉 등 같은 형태의 캔들임에도 불구하고 상황과 위치에 따라 해석이 크게 달라진다. 이 책에서는 쉽게 접할 수 있는 기본적인 내용은 배제하고 실전에서 사용 가능한 핵심적인 캔들만 집중적으로 다뤄보고자 한다.

추세 우상향 종목의 고점 캔들 신호

2023년 상반기 시장의 대장주로 하루에 기본 수천억 원 많게는 수조 원의 거래대금을 동반하며 1등주로 급등했던 에코프로 차트다. 에코프로가 마지막 시세를 끝으로 하락전환한 것은 2023년 7월 26일이다. 이날 캔들을 보면 대량거래량을 동반한 윗꼬리가 달린 것을 볼 수 있다. 반드시 기억하기 바란다. 윗꼬리는 개인이 만들고 밑꼬리는 세력이 만든다. 에코프로도 상승추세 최고점에서 대량거래량이 터졌다는 것은 기존 보유자(기관, 외국인 등 메이저)들과 신

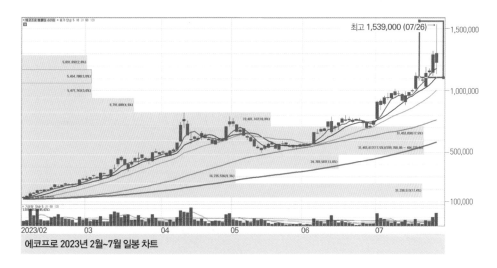

에코프로 2023년 2월~7월 일봉 차트

규 매수자(개인)들의 손바꿈이 굉장히 많이 일어났다는 것이고, 윗꼬리 캔들이 나온 것은 신규매수자의 힘이 약했다는 뜻이다. 즉, 고점에서 주가를 밀어올린 주체가 차익실현했다는 것을 유추해볼 수 있다. 이렇게 시장을 주도했던 대장주가 고점에서 윗꼬리 캔들이 나올 때는 강력한 고점 신호이기 때문에 같은 섹터의 2~3등주 또한 동반 하락을 조심해야 한다.

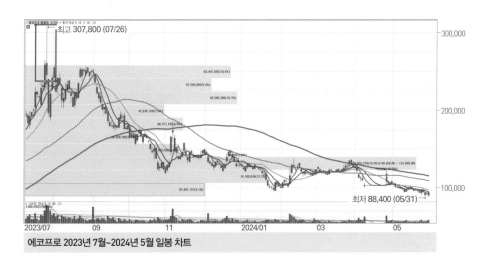

에코프로 2023년 7월~2024년 5월 일봉 차트

7월 26일 30만 원 고점을 기준으로 주가는 1/3 토막까지 급락했다. 저점에서 10~20배 오른 종목이 시세가 꺾여 하락추세로 접어들면, 매수자의 생각 이상으로 크게 하락할 수 있으니 쉽게 저점을 예측하지 말자.

전고점 직전 발생하는 밑꼬리 달린 망치형 캔들

전고점을 강하게 돌파하는 시세가 나오기 전에 기존 투자자들의 물량을 가져오기 위한 의도적인 하락이 나오는 경우가 많다. 이후 바닥에서 다시 물량을 확보한 후 종가는 시가보다 더 상승으로 끝나는 경우가 많은데, 이것이 바로 윗꼬리가 거의 없고 밑꼬리가 긴 망치형 캔들이다. 다음 차트를 보며 다시 한 번 설명하겠다.

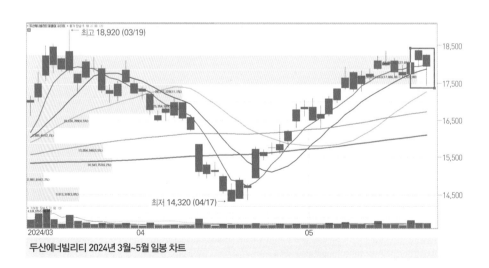

두산에너빌리티 2024년 3월~5월 일봉 차트

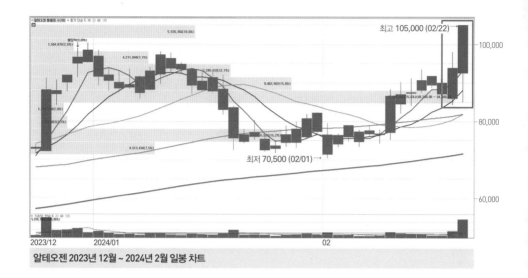

알테오젠 2023년 12월 ~ 2024년 2월 일봉 차트

두산에너빌리티와 알테오젠 모두 직전 고점을 앞두고 밑꼬리가
달린 망치형 일봉캔들이 출현했다.

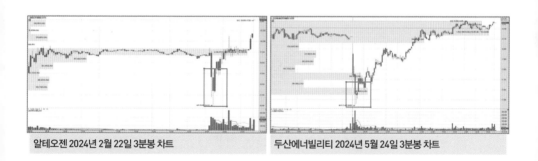

알테오젠 2024년 2월 22일 3분봉 차트	두산에너빌리티 2024년 5월 24일 3분봉 차트

당일 분봉 흐름을 보면 오전 오후 시기는 다르지만 모두 분봉상
급락 후 종가는 당일 최고가에서 마감되는 것을 알 수 있다.

두산에너빌리티 알테오젠 일봉 차트

전고점 직전에 발생한 밑꼬리 달린 망치 캔들 이후 추가 흐름이다. 두산에너빌리티는 다음날 하루 만에 장중 19%가 넘는 폭등을 보였고 알테오젠은 이후 100%에 가까운 급등세를 연출했다. 스몰캡 잡주가 아닌 주도주급 종목에서 전고점 직전 밑꼬리 달린 망치형 캔들이 나오면 확신을 갖고 종가배팅 등 적극적인 매수에 동참해야 한다. 상당히 확률 높은 캔들이다.

신고가 윗꼬리 장악형 양봉 캔들

디데이(D-Day, 박스로 표시된 캔들 중 첫날) 거래량이 크게 터지며 급등후 오후에 수급이 빠져 윗꼬리가 달리는 경우 D+1일 윗꼬리를 잡아먹는 장악형 양봉 출현 시 다음날 추가상승 가능성이 매우 높아지게 된다. 즉, 윗꼬리 장악형 양봉이 나오면 종가배팅 또는 다음날 시가로 공략을 고려해봐야 한다. 이 확률 높은 캔들의 원리를 구체적으로 설명해보면, 디데이 거래량이 크게 터지고 오전에 급

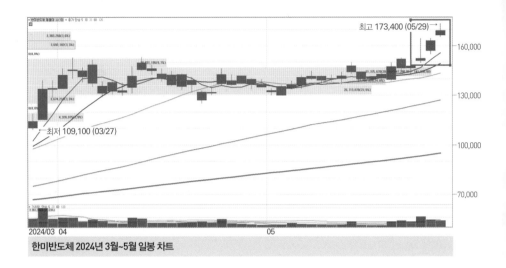

최고 173,400 (05/29)

최저 109,100 (03/27)

한미반도체 2024년 3월~5월 일봉 차트

등을 하게 되고 시장의 단기 트레이더들이 함께 매매에 참여하게
되는 것이다.

그러나 윗꼬리가 달렸다는 것은 오전 최고점을 형성한 후 오후
에는 크게 빠져 오전 매수를 진행했던 투자자들이 단기 고점에서
손실을 보고 있는 상황이다. 이런 상황에서 다음날(D+1) 디데이 윗
꼬리를 장악하는 캔들이 나왔다는 것은 전일 오전에 고점에서 물
렸던 투자자들의 매물까지 돈을 투입해서 모두 소화했다는 것이
다. 즉, D+1일 개인투자자의 자금이 기관, 외국인 등 메이저 수급
으로 이동했다는 뜻이고, D+1 양봉은 차익이 아닌 물량 소화성격
의 양봉이기 때문에 D+1일에 물량을 가져온 메이저 수급도 수익
을 보고 차익을 하려면 반드시 주가는 추가상승을 시켜야 한다. 그
런 이유로 D+2일에 갭상승 출발하거나 보합 출발이더라도 추가
상승을 할 수밖에 없다.

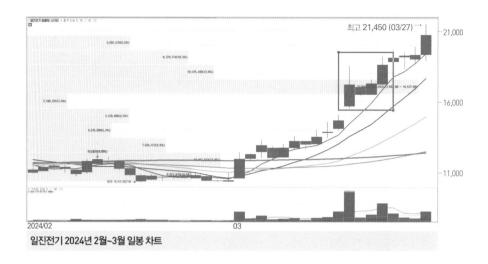

최고 21,450 (03/27)

일진전기 2024년 2월~3월 일봉 차트

　　위 차트를 보면 3월 18일(디데이) 박스로 표시된 캔들 중 첫 거래일 거래량이 터진 윗꼬리 달린 양봉이 나온 후 2일간 거래량 없이 횡보하다가 D+3일에 디데이 윗꼬리를 넘어가는 양봉이 출현했다. 이렇게 바로 다음날이 아닌 며칠이 지난 후에 나오는 윗꼬리 장악형 양봉도 마찬가지로 추세 우상향할 가능성이 매우 높으니 반드시 체크하고 적극적으로 공략할 필요가 있다.

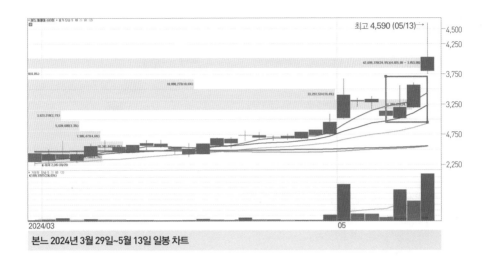

최고 4,590 (05/13)→

본느 2024년 3월 29일~5월 13일 일봉 차트

　　K뷰티 대장주로 인식되는 본느의 차트다. 박스로 표시한 캔들
을 보면 디데이 직전 매물대를 소화하는 윗꼬리 긴 급등이 나오고
D+1일 그 윗꼬리를 확실히 장악하는 추가급등이 나왔다. 윗꼬리
에 갇혀 있던 개인 투자자들을 메이저 수급이 모두 탈출시켜 주면
서 물량을 가져왔다는 뜻이다. 이후 주가는 D+2일 장중 28% 넘
게 폭등했다. D+1일에 가져온 물량을 D+2일에 급등시키며 차익
했다는 것으로 해석할 수 있다.

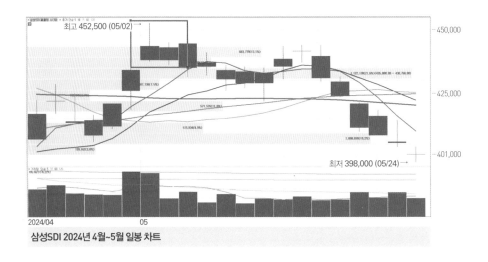

최고 452,500 (05/02)

450,000

425,000

최저 398,000 (05/24)

401,000

2024/04 05

삼성SDI 2024년 4월~5월 일봉 차트

위 두 사례와 반대의 경우로 거래량이 터진 윗꼬리 양봉(D-Day) 후 D+1일, D+2일 디데이 시가를 이탈하는 음봉이 출현하면 추세가 반전될 수 있는 안 좋은 신호다. 따라서 저점이라는 생각보다는 추가하락을 염두에 두고 즉시 손절에 나서야 추가하락 피해를 막을 수 있다.

신고가 갭 장대음봉

시장의 중심섹터에서 신고가를 가던 종목이 갭을 띄운 이후 큰 음봉이 나온 경우 급하게 따라붙었던 단기 투자자들은 갑자기 급락하는 시세에 공포에 질려 손절을 하고 기존 보유자들은 추세가 끝났다고 판단해 차익실현에 나선다. 그러나 거래량 없이 최고가에

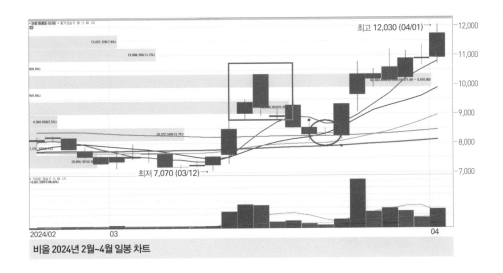

최고 12,030 (04/01)

최저 7,070 (03/12)

2024/02   03   04

비올 2024년 2월~4월 일봉 차트

서 갭 띄운 장대음봉은 추세가 끝난 것이 아닌 재상승이 시작될 수 있는 확률이 매우 높기 때문에 집중 모니터링을 해야 한다. 또한 D+n 거래일 이후 눌림목에서 거래량 없는 도지(십자가) 출현 시(차트에서 원으로 표시) 추세 반전의 강력한 트리거가 된다. 위 비올 차트를 보면 +10%에서 −5%로 장중 최고가에서 무려 −15% 급락했지만 4거래일 이후 도지가 나오며 반전에 성공했다.

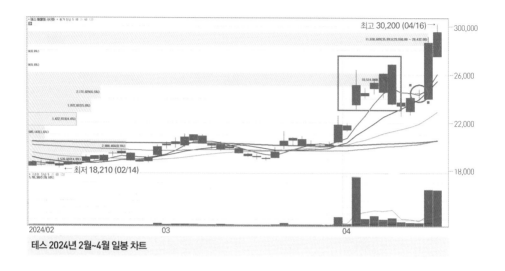

테스 2024년 2월~4월 일봉 차트

　　위 차트도 마찬가지로 4월 8일 장중 최고가 3.07% 이후 최저
가 −9.96%까지 급락하며 투자자들의 공포를 불러일으켰지만 이
후 거래량 없는 도지가 나오며 재급등 추세 반전에 성공하는 흐름
을 보여주었다. 이런 캔들은 의도적인 급락으로 볼 수 있으며 기관
및 외국인의 메이저 수급은 항상 개인투자자들로부터 최대한 물량
을 많이 가져오기 위해 이런 인위적인 흐름을 만들어낸다는 것을
명심해야 한다.

전고점을 붙이는 짧은 양봉

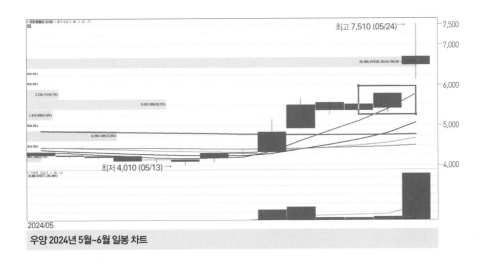

최고 7,510 (05/24) →

최저 4,010 (05/13) →

2024/05

우양 2024년 5월~6월 일봉 차트

전고점 근처까지 갖다 붙이는 양봉은 다음날 갭상승 또는 급등
이 발생할 수 있는 굉장히 강력한 신호로 해석할 수 있다. 신고가
에서 직전 매물을 모두 소화하고 추가 급등을 준비하는 과정에서
나오는 캔들로 윗꼬리가 거의 없거나 아주 짧은 것이 특징이며 오
후에 급하게 만들어진 캔들은 신뢰성이 낮아진다. 즉, 오후에 급한
급등으로 종가를 최고가로 끌어올려 양봉을 만들기보다 장중에 고
점 근처에서 횡보하며 물량을 소화하는 형태가 다음날 갭상승 확
률이 높다.

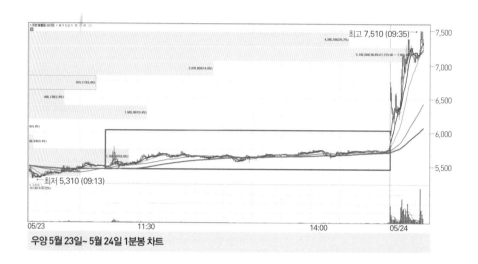

최고 7,510 (09:35)→

←최저 5,310 (09:13)

05/23   11:30   14:00   05/24

우양 5월 23일~ 5월 24일 1분봉 차트

　　오전 10시 최고가 이후 주가는 종가까지 가격 훼손 없이 당일 고가 근처에서 횡보하였다. 이 내용은 3부 종가배팅에서 좀 더 자세히 다뤄보도록 하겠다.

호가창 완벽히 분석하기

    호가창은 단기매매를 할 때 투자자들이 가장 많이 보는 지표임에도 불구하고 그 의미를 모르는 사람들이 굉장히 많다. 기술적 분석에 앞서 호가창에 대한 의미를 완벽히 알고 넘어가자.

알테오젠						
VI 기준가	174,900	VI 상승가	192,400	135 호가	7.55%	13,500
시장	코드	등락	등락률	회전율	전일비	전일
■코스닥	196170	+900	+0.51%	1.23%	34.07%	-1,262,246
	2,991	+1.12%	180,000		시가	174,900
	838	+1.07%	179,900		고가	184,600
	760	+1.01%	179,800		저가	172,700
	293	+0.96%	179,700		현재가	178,900
	355	+0.90%	179,600		상한가	231,000
	569	+0.84%	179,500		하한가	124,600
	168	+0.79%	179,400		기준가	178,000
50	981	+0.73%	179,300		거래량	652,248
	460	+0.67%	179,200		거래대금	116,331
150	242	+0.62%	179,100		체결강도	87.22%
09:28:05	178,900	10	178,800	+0.45%	5	
09:28:05	179,000	2	178,200	+0.17%	20	
09:28:05	178,700	1	178,200	+0.11%	2	
09:28:05	178,300	2	178,100	+0.06%	231	
09:28:05	178,700	1	178,000	0.00%	630	
09:28:04	179,100	27	177,900	-0.06%	342	
09:28:04	179,100	90	177,800	-0.11%	214	
09:28:04	178,700	5	177,700	-0.17%	286	
09:28:04	178,600	5	177,600	-0.22%	512	
09:28:03	178,600	7	177,500	-0.28%	1,461	
+3,172	7,657		09:28:06		3,703	-43
			x0.1		373	
호가갭	2 호가	VI 하락가	157,400	-215 호가	-12.02%	-21,500

알티오젠 2024년 5월 17일 9시 28분 6초 호가창

앞의 호가창을 보면 총 매도 잔량은 7,657주 총 매수 잔량은 3,703주가 쌓여 있다. 경험이 없는 투자자라면 매도 잔량이 매수 잔량의 약 2배가 되기 때문에 현재 주가에서 하락할 것이라고 생각하기 쉽다. 하지만 매도 잔량이 많은 경우 상승할 확률이 훨씬 높다. 그 이유에 대해 설명해보겠다. 우선 해당종목의 현재가는 179,100원이다. 이때 이 주식을 매수 예정인 외국인이 현재가보다 아래인 178,000원에 10억 원을 지정가로 매수했다고 해보자. 그렇다면 이 종목은 매수를 걸었으니 올라갈까? 절대 아니다. 현재가보다 낮은 가격에 매수를 10억 원, 100억 원 걸어놓는다고 해도 현재가를 위로 올리는 것(주식이 상승하는 것)에 아무런 영향을 주지 않는다.

오히려 주가를 핸들링하는 입장에서는 저가에 매수하고 싶으면 현재가 아래에 물량을 걸어놓고 주가를 떨어뜨려 체결시키려고 한다. 즉, 현재가보다 아래에 매수 잔량이 많다는 것은 주식이 떨어지기를 바라는 사람이 많다는 의미다. 만약 주가에 큰 영향력을 행사하는 큰손이나 외국인 기관이 이 종목을 하락시키는 것이 아닌 상승을 시킬 목적이라면 지정가 매수가 아닌 시장가 매수를 해야 한다. 시장가로 가격을 낮게 쓴 매도 물량부터 가져가야 주가는 비로소 단계적으로 올라가게 된다. 시장가 매수는 매수 버튼을 누르기 전에 호가창에 보이지 않는다. 항상 호가창에는 보이지 않는 매수·매도 대기자가 있다는 것을 명심하기 바란다.

반대로 매도자 입장에서 생각을 해보자. 주식을 보유한 사람 입장에서 이 종목이 추가로 올라갈 것으로 판단한다면 현재가보다 더 높은 가격에 팔고 싶을 것이다. 즉, 179,100원 현재가 위에 매도 물량을 걸어놓을 가능성이 많다. 이렇게 매도 잔량에 물량이 쌓이게 된다. 만약 이 종목이 지금 당장이라도 떨어질 것이라고 판단된다면 현재가 위로 매도를 걸어놓지 않고 시장가로 매도를 할 것이다. 이때 매수 잔량이 생각보다 적으면 대량의 매물을 보유한 사람들은 매도를 하기 어려워진다. 본인의 물량을 소화할 만한 매수 잔량이 없으면 주가는 대량 매도로 인해 급락할 것이기 때문이다. 따라서 큰손인 기관과 외국인들은 매수 잔량이 충분히 쌓여 대량 매도를 해도 주가에 큰 영향을 주지 않을 때 비로소 매도에 나서게 된다. 이것이 고점에서 매수 잔량이 많을 때 주가가 하락하는 이유다.

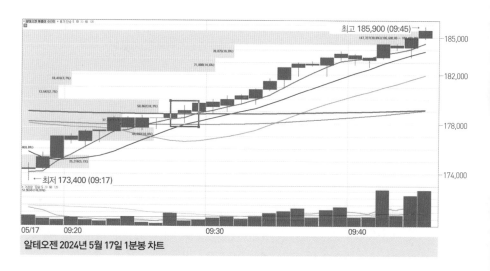

알테오젠 2024년 5월 17일 1분봉 차트

　　위 호가창이 차트에서 박스로 표시해둔 시점이다. 주가는 이후 위 매도 호가 물량을 소화하며 우상향했다.

단기매매에 적합한 호가창

위 호가창을 보면 매도 10호가의 총 잔량이 2,629주로 약 1,450

수젠텍						
VI 기준가	5,500	VI 상승가	6,050	55 호가	10.00%	550
시장	코드	등락	등락률	회전율	전일비	전일
■코스닥	253840	-10	-0.18%	0.02%	8.02%	-37,171
	294	+2.72%	5,660		시가	5,500
	513	+2.54%	5,650		고가	5,540
	1	+1.81%	5,610		저가	5,500
	601	+1.63%	5,600		현재가	5,500
	227	+1.27%	5,580		상한가	7,160
	524	+1.09%	5,570		하한가	3,860
	25	+0.91%	5,560		기준가	5,510
	350	+0.73%	5,550		거래량	3,240
	70	+0.54%	5,540		거래대금	18
	24	+0.36%	5,530		체결강도	10.51%
09:25:41	5,500	99	5,500	-0.18%		256
09:21:07	5,500	15	5,490	-0.36%		155
09:21:03	5,510	10	5,480	-0.54%		127
09:17:21	5,510	10	5,470	-0.73%		733
09:17:16	5,510	10	5,460	-0.91%		2,413
09:17:06	5,510	5	5,450	-1.09%		592
09:16:07	5,530	1	5,440	-1.27%		150
09:15:54	5,500	20	5,420	-1.63%		1,950
09:14:48	5,530	5	5,410	-1.81%		105
09:12:53	5,540	16	5,400	-2.00%		1,532
	2,629		09:29:12			8,013

수젠텍 2024년 5월 24일 9시 29분 호가창

만 원이다. 만약 이 종목을 10만 원으로 트레이딩한다고 하면 매수 매도에 큰 영향이 없겠지만 5,000만 원이나 1억 원으로 시장가 매수를 하면 순식간에 매도 호가 물량을 잡아먹으며 주가는 급등할 것이다. 이후 주가가 올라가지 못할 것으로 판단해 매도를 할 때도 매수 호가 총금액이 약 4,400만 원으로 매도 물량을 받지 못해 급락할 수 있다. 즉, 이렇게 호가가 많이 비어 있고 돈이 돌지 않는 종목은 기관이나 외국인 또는 개인 '큰손'이 들어오지 않는 종목이다.

만약 들어오고 있다 하더라도 주가의 변동성에 최대한 영향을 주지 않고 수억 원을 하루에 수십 번 쪼개서 매집하고 있을 것이다. 이것도 단기시세에는 영향을 주지 않는다. 즉, 메이저 트레이더가 수억 원, 수십억 원의 물량을 넣고 단기매매를 하고 싶어도 그 물량을 받쳐줄 자금이 없기 때문에 매매를 하지 못하는 것이다. 결국 큰 자금이 들어오지 않으면 변동성도 없을 것이고, 변동성이 없는 종목은 단기매매에 적합하지 않다는 것을 명심하기 바란다.

현대차						
VI 기준가	253,000	VI 상승가	278,500	17 호가	3.15%	8,500
시장	코드	등락	등락률	회전율	전일비	전일
■코스피	005380	+17,000	+6.72%	1.01%	365.58%	1,531,393
	8,120	+8.50%	274,500		시가	253,000
	13,167	+8.30%	274,000		고가	271,500
	14,485	+8.10%	273,500		저가	251,000
	30,341	+7.91%	273,000		현재가	270,000
	13,253	+7.71%	272,500		상한가	328,500
-1	44,025	+7.51%	272,000		하한가	177,500
1	33,079	+7.31%	271,500		기준가	253,000
	40,081	+7.11%	271,000		거래량	2,108,006
	17,262	+6.92%	270,500		거래대금	554,513
	82,858	+6.72%	270,000		체결강도	279.45%
14:28:01	270,000	5	269,500	+6.52%	4,031	
14:27:59	269,500	426	269,000	+6.32%	9,970	
14:27:59	270,000	1	268,500	+6.13%	8,292	
14:27:59	270,000	2	268,000	+5.93%	5,949	
14:27:59	270,000	3	267,500	+5.73%	4,215	
14:27:59	270,000	6	267,000	+5.53%	7,768	
14:27:59	270,000	12	266,500	+5.34%	6,149	
14:27:59	270,000	6	266,000	+5.14%	6,687	
14:27:58	270,000	2	265,500	+4.94%	6,994	
14:27:58	270,000	1	265,000	+4.74%	9,459	
	296,671		14:28:01		69,514	

현대차 2024년 5월 22일 2시 28분 1초 호가창

위 호가창은 현대차가 신고가 급등을 하는 상황이다. 한 호가에 50억 원 많게는 200억 원 넘게 걸려 있다. 한 번에 수억 원, 수십억 원씩 거래하는 트레이더들도 호가에 영향을 주지 않고 자유로

운 매매가 가능하다. 위 사례에서 보듯 만 원, 10만 원 적은 금액으로 단기매매 연습을 할 때는 스몰캡, 소외주 등으로 호가물량이 없어도 상관없겠지만, 이런 종목으로 수익이 계속 나서 나중에 자금이 커지면 결국 매매가 더 어려워질 수밖에 없다.

우리가 처음에 만 원, 10만 원으로 연습을 하는 이유는 실력을 쌓아 수억 원, 수십억 원으로 매매하며 큰 수익을 내기 위해서다. 따라서 내가 현재는 적은 금액으로 매매하고 있더라도 처음부터 큰 금액을 운용한다는 생각으로 두 번째 호가창처럼 탄탄하게 물량을 받쳐주는 종목에서 매매를 해야 한다. 그 종목이 바로 기관, 외국인, 슈퍼개미가 적극적으로 매매하는 종목이다. 만 원, 십만 원을 1억 원처럼 매매해야 한다. 꼭 기억하기 바란다.

보조지표와 이동평균선

HTS에는 수많은 보조지표를 활용할 수 있다. 볼린저밴드, MACD, 이격도, 일목균형표 등 각각의 쓰임새가 다르고 이 보조지표를 잘 모르는 사람도 있고 잘 활용하는 사람도 있다. 그러나 보조지표는 말 그대로 나의 최종 판단에 참고를 할 수 있는 지표 그 이상 그 이하도 아니다. 보조지표를 너무 맹신하게 되면 본질을 보지 못한다. 그리고 기관 및 외국인 세력들의 핸들링에 의한 보조지표가 오히려 역이용당하기도 한다. 또한 보조지표는 대부분 후행성이다. 즉, 종목 가격의 결과가 나와야 지표가 만들어지는 것이다. 예를 들어, A라는 사람이 집에서 월요일에 한식, 화요일에 양식, 수요일에 한식, 목요일에 양식을 먹었다고 해서 금요일에 또 한식을 먹으라는 법은 없다. 금요일은 외식을 할 수도 있는 것이고 몸이 안 좋아 밥을 굶을 수도 있다. 월, 화, 수, 목 한식과 양식을 반복적으로 먹으면 일정한 패턴이 만들어지는데 이때 금요일 식사 메뉴를 예상하는 것이 바로 보조지표다.

투자자들은 금요일 한식에 배팅하겠지만 결과가 완전히 다르게 나올 수도 있다는 말이다. 세상에 100%는 없다. 대부분의 보조지표는 이런 패턴에 의존하고 있기 때문에 결정적인 순간 판단에 오류가 생길 수 있음을 명심하기 바란다. 다만 투자자들이 해당 보조지표를 많이 보고 매매에 적용할수록 일정한 패턴대로 움직일 확률이 높아지게 되는데 이 대표적인 보조지표가 바로 이동평균선이다. 가장 많이 보는 이동평균선이 보조지표 중 가장 신뢰가 높다고 할 수 있다. 필자도 보조지표는 이동평균만 보는 편이다. 이동평균선의 사전적 의미는 일정 기간 동안 주가를 산술 평균한 값을, 차례로 연결한 선을 말한다. 즉, 가격이 지나간 자리를 기간에 따라 차트에 표시해놓은 것이다.

이동평균선도 3일, 5일, 10일, 20일 심지어 500일, 1,000일까지 보는 투자자들이 있다. 33일선, 360일선 등도 뭔가 더 특별해보이고 숨은 비기가 있어 보이지만, 보편적인 것이 아닌 나 혼자만 참고하는 보조지표는 큰 의미가 없다고 딱 잘라 말하고 싶다. 투자자들이 가장 많이 보고 참고하는 이동평균선이 확률적으로 신뢰도가 높다. HTS에서 가장 많이 보는 이평선 5개는 일봉기준으로 5일, 10일, 20일, 60일, 120일이며, 데이트레이더들은 보통 돌파나 눌림으로 5일선 또는 10일선 그리고 추세선으로 20일선을 가장 많이 본다. 또한 바닥을 찍고 추세가 완전히 전환될 때는 60일이나 120일을 많이 본다. 1분봉을 보고 스캘핑을 하는 경우 이평선보다는 호가창과 매물대 그리고 기계적인 대응이 훨씬 중요하다. 종가배팅이나 눌림의 경우 3분봉에서 20일선 정도는 많은 트레이더들이 참고하는 편이다. 3분봉의 20일선이면 1시간 동안의 평균가격을 말한다. 1시간 딱 떨어지는 가격이 가장 신뢰도가 높다는 의미다.

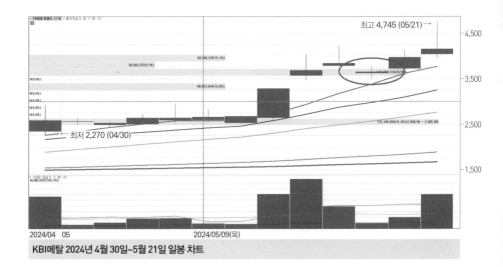

최고 4,745 (05/21)

최저 2,270 (04/30)

KBI메탈 2024년 4월 30일~5월 21일 일봉 차트

급등 이후 눌림구간에서 5일선을 지켜주는 흐름이 나온다면 추가급등으로 이어질 확률이 매우 높아지게 된다.

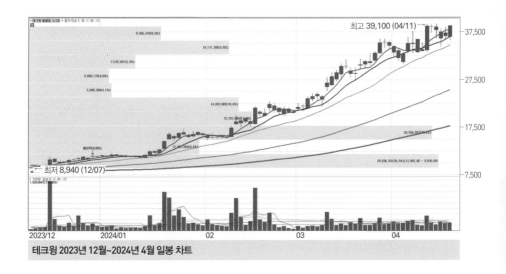

최고 39,100 (04/11)

최저 8,940 (12/07)

테크윙 2023년 12월~2024년 4월 일봉 차트

세력주 테마주처럼 큰 변동성 없이 시장 섹터에서 신고가를 보여주는 종목은 보통 20일선을 타고 꾸준히 우상향하는 경향이 있다. 단기 이슈에 의해 올라가는 것이 아닌 몇 달간 꾸준한 시세를 보여주기 때문에 중간 중간 나스닥 지수의 급락에 노출되는 경우도 있는데, 이런 상황에서도 좀처럼 20일선을 이탈하지 않고 만약 이탈했다고 하더라도 바로 회복되는 경우가 많다.

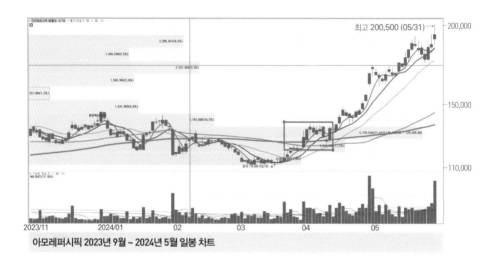

아모레퍼시픽 2023년 9월 ~ 2024년 5월 일봉 차트

중대형주의 경우 추세반전의 신호는 3개월 평균가격인 60일 이동평균선이나 6개월 평균가격인 120일 이동평균선을 많이 참고하는 편이다. 현재가가 3개월 또는 6개월 평균가격 위로 올라왔다는 것은 하락추세가 상승추세로 전환될 수 있다는 강력한 신호로 봐야 한다.

중장기 이평선은 쉽게 돌파가 되지 않아 바닥에서 올라오는 종목들의 저항선으로 작용하기도 한다. 그러나 강한 거래량으로 돌파가 되면 이후에는 위 매물대로 인해 조정을 받더라도 지지선으로 작용한다.

대한전선 2023년 11월~ 2024년 5월 일봉 차트

위 차트를 보면 2024년 1~2월 반등을 시도했으나 120일선 매물대를 돌파하지 못하고 다시 바닥에서 2개월 넘게 횡보하는 상황이다. 이후 2024년 3월~4월 눈에 띄는 거래량과 함께 120일선을 돌파하고 이후 조정 시 120일선이 지지선으로 작용하고 있는 것을 볼 수 있다. 이렇게 60일선과 120일선은 장기 추세의 방향을 결정할 때 굉장히 중요한 지표로 활용된다.

이동평균선은 일주일, 2주일, 한 달, 3개월, 6개월 등 투자자들의 심리적 가격을 알아보는 지표로 활용해볼 수 있다. 만약 1년간의 평균가격을 알아보고 싶으면 240일선, 2년간의 평균가격을 알아보고 싶으면 480일선을 참고하면 된다. 이동평균선을 맹신하거나 그 안에 신비한 힘이 숨어 있을 것이라고 생각하기보다 진정한 의미를 알고 투자에 참고지표로 활용했을 때 더욱 가치를 발한다.

거래량과 거래대금 분석하기

주식시장에서 차트는 속여도 거래량은 못 속인다는 말이 있다. 그만큼 거래량과 거래대금은 종목의 움직임을 파악할 때 가장 중요한 요소다. 거래량은 종목의 회전수를 말하고 거래대금은 절대적인 금액을 말하는데 단기 트레이더 입장에서는 거래량보다 거래대금을 더 중요하게 보는 것이 유리하다. 예를 들어, 주당 1,000원에 거래량 1,000만 주와 주당 3만 원에 거래량 500만 주의 거래대금은 각각 100억 원과 1,500억 원이다. 단기 트레이더라면 거래대금이 많은 후자를 매매해야 한다. 또한 스윙이나 추세매매에서도 거래량과 거래대금은 종목의 방향에 결정적인 역할을 한다. 지금부터 자세히 알아보도록 하자.

추세 우상향 종목의 고점 캔들 신호

바닥에서 기존 거래량에 10배 이상 폭발적인 거래량이 터질 때는 추세 전환의 시도가 될 가능성이 매우 높다. 바닥주는 기본적으

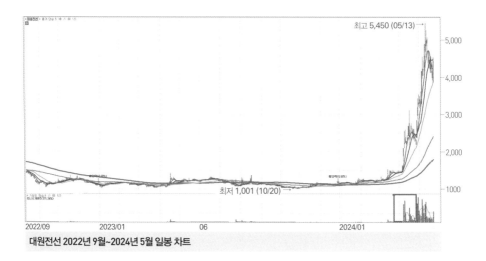

최고 5,450 (05/13) →

최저 1,001 (10/20) →

2022/09   2023/01   06   2024/01

대원전선 2022년 9월~2024년 5월 일봉 차트

로 역배열이거나 오랜 기간 횡보를 했기 때문에 위에 물려 있는 사람이 많다. 즉, 악성 매물대가 많다고 생각하면 되는데 이때 지금까지 볼 수 없었던 압도적인 첫 거래량이 터진다면 기존 매물대를 모두 흡수하고 올라가겠다는 의지라고 할 수 있다. 위에 물려 있는 사람들이 본전이 오면 보통은 본전 탈출을 시도하는데 역배열에서 주가가 올라가는 상황은 그 매도 물량을 모두 가져간다는 뜻이다. 거래량이 제대로 붙지 않을 때는 이런 이유로 역배열 종목에 투자하면 안 된다. 올라갈 만하면 매도 물량이 나오기 때문이다. 그러나 평소거래량에 10배가 넘는 돈이 몰렸다면, 이것은 물려 있는 개인들의 물량을 소화하고 새로운 시세를 시작하려는 강력한 신호로 보면 된다.

바닥권 대량 거래량이 한 종목이 아닌 같은 섹터의 다른 종목과 함께 나타난다면 확률은 더욱 올라간다. 즉, 주도섹터가 될 가능성이 매우 높기 때문에 초기에 잘 잡으면 100% 이상의 시세도 기대해볼 수 있다.

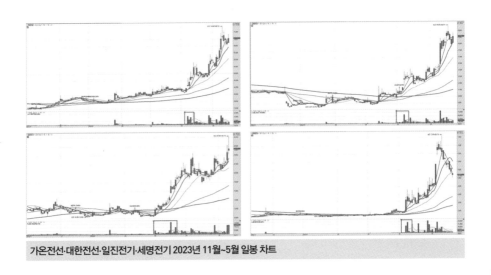

가온전선·대한전선·일진전기·세명전기 2023년 11월~5월 일봉 차트

대량 거래량으로 파악하는 단기 고점 신호

거래량 급증이 나타나지 않은 상황에서 우상향하던 종목이 갑자기 거래량이 터지며 급등이 나온다면 이때 손바뀜이 일어날 수 있기 때문에 신규매수는 자제하고 기존 보유자라면 차익실현을 고려해봐야 한다. 종목에 절대적인 영향을 주는 수급 주체는 외국인 기관 그리고 개인 큰손들이다. 이들의 공통점은 바로 큰 규모의 자금을 운용한다는 것이다. 개인투자자 입장에서는 한 종목에 1억

원 이상 매수가 들어가면 어느 정도 비중 배팅을 할 수 있다고 보지만, 수백억 원, 수천억 원으로 종목을 핸들링하는 메이저 수급에 비해서 큰 자금이라고 할 수 없다.

자, 그렇다면 그들은 어떻게 매집하고 어떻게 차익실현을 해야 할까? 적을 이기려면 적의 입장에서 생각을 해봐야 한다. 수백억 원을 한 종목에서 매집할 때는 며칠에서 몇 달에 걸쳐 분할로 매수를 해야 한다. 개인투자자처럼 천만 원, 1억 원 정도라면 한번 클릭으로 매수해도 시세에 큰 영향을 주지 않지만 수백억 원을 한 번에 매수하게 된다면 갑작스러운 급등으로 매수 평단가가 급격히 올라가게 된다. 따라서 최대한 낮은 가격에 매집을 하려면 거래량을 터트리지 않고 분할로 나누어서 매수를 해야 한다. 이후 충분한 매집으로 상승시키다가 어느 정도 차익실현을 하게 될 때는 대량의 매도세를 받쳐줄 대량의 매수세가 있어야 한다.

열심히 평단가를 낮춰서 물량을 확보하며 주가를 올렸는데 거래량이 없는 상황에서 한 번에 수백억 원, 수천억 원을 차익한다면 그 주식은 메이저의 대량 매물에 의해 급락을 하게 될 것이고 이렇게 되면 일부 자금은 평단가 위에서 팔 수 있겠지만 대부분의 물량은 급락 후 평단 밑에서 팔게 되어 손해다.

따라서 기관이나 외국인 등 메이저 수급이 손해를 보지 않고 고점에서 차익을 할 때는 반드시 그 물량을 받아줄 투자자들이 필요하기 때문에 거래량을 터트릴 수밖에 없다. 또는 메이저 수급이 직접 거래량을 만들지 않더라도 외부 환경에 의해 거래량이 터지는 시기를 차익의 기회로 삼는다.

최고 98,400 (03/03)

최저 49,050 (01/13)

2023/01　　　　　02　　　　　03

레인보우로보틱스 2023년 1월~2023년 3월 일봉 차트

　　위 차트를 보면 첫 번째 급등 전 거래량 없이 주가가 상승하다 가 대량거래량 발생 후 하락하는 것을 볼 수 있다. 보유자 입장에 서 거래량 없이 우상향을 한다면 아직 고점이 아니라는 강력한 신 호이기 때문에 홀딩을 하고 거래량이 터지는 시기에 메이저 수급 과 함께 차익을 하자. 두 번째 박스를 보면 그전에 약 한 달간 거래 량 없는 횡보를 보여주었다. 이후 다시 한 번 급등하며 쌍고점을 만들었다. 쌍고점은 첫 장대양봉에서 물량 소화를 다 못한 메이저 수급에 의해 재매집 후 재급등 과정에서 많이 발생한다. 바닥이나 역배열에서 발생하는 대량거래량은 상승추세 전환의 신호이며, 고 점 상승추세에서 이어지는 큰 장대양봉과 대량거래량은 단기고점 신호라는 것을 반드시 기억하자.

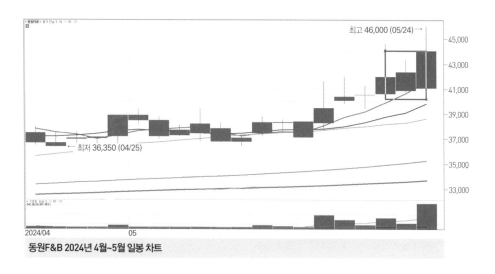

최고 46,000 (05/24) →

최저 36,350 (04/25)

2024/04　　　　05

동원F&B 2024년 4월~5월 일봉 차트

　　추세 우상향 과정에서 −3%(네모박스)의 하락이 나왔다. 이때 거
래량은 전거래일보다 훨씬 적었으며 5일선을 지지하는 흐름이다.
이후 다음거래일 장중 12%가 넘는 급등을 보여주었다. 추세 우상
향하는 과정에서 신규진입은 이렇게 거래량이 감소하고 특정 이평
선을 지지하는 흐름이 나올 때가 최적의 타이밍이다. 진입 후 거래
량이 터지는 음봉이 나오면 그때는 손절을 하면 된다.

상승추세 음봉 거래량

　　매수 후 상승추세를 유지하던 종목이 갑자기 급락하는 경우 수
익을 확정하기 위해 매도를 했는데 이후 재상승하는 경우를 상당

히 많이 경험했을 것이다. 고점에서 발생하는 음봉은 당연히 조심
해야 한다. 그러나 대량 거래량 이후의 음봉이 아닌 기본 거래량
을 유지하며 올라가는 종목이 거래량 없는 음봉이 나온다면 휩소
Whipsaw(투자자들의 속이는 가짜 시세)일 가능성이 매우 높다.

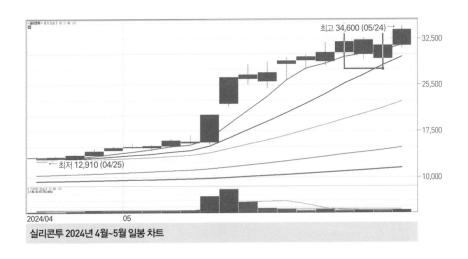

실리콘투 2024년 4월~5월 일봉 차트

　　신고가 우상향으로 올라가던 실리콘투 차트를 보면 5월 22일 장
중 -8.91%의 급락이 발생했다. 그러나 거래량은 거의 터지지 않았
다. 시총 1조 8,000억 원 신고가 종목에 장중 급락이 나왔는데 거래
량이 거의 터지지 않았다는 것은 이 주식을 끌어올린 메이저 수급
은 빠져나가지 않았다는 것으로 해석할 수 있다. 그렇다면 저런 급
락은 왜 발생할까? 첫 번째로 개인투자자들을 털기 위한 메이저 수
급의 의도적인 하락이다. 신고가 최고점에서 -10%에 가까운 급락
이 나온다면 당연히 심약한 개인투자자들은 매도를 할 수밖에 없

다. 그렇게 개인들이 매도를 하고 다시 저가에서 메이저 수급이 물량을 담아서 올리는 것이다(메이저 입장에서 개인 물량은 불확실성 자금이다).

다른 경우는 일부 자금력이 있는 투자자들이 차익실현에 나설 때 메이저 수급이 따로 주가방어를 하지 않고 기다리는 경우다. 개인들의 매도는 저런 음봉을 만들지 못한다. 메이저 수급 중에도 선도세력과 2등 세력 등 다양한 종류가 있다. 주가의 시세를 주도하는 이 메이저 수급들은 물량을 홀딩하고 있는데 2등 세력, 3등 세력이 차익을 하며 일시적으로 주가가 흔들리는 것이다. 그리고 이들이 빠져나가면 선도세력은 주가를 다시 원위치시키는 것이다. 주가에 가장 큰 영향을 미치는 선도세력이지만 저 작은 거래량으로는 절대 차익실현을 할 수 없다. 상승 추세에서 거래량 없는 급락은 신규 매수자나 보유자 입장에서 오히려 추가매수 기회로 삼아야 한다.

눌림에서 발생하는 거래량 분석하기

보통 대량거래량을 동반한 주가의 큰 상승이 발생한 이후 가격의 변동 없이 1일~한 달 이상 주가가 횡보할 때 눌림이 발생한다. 시간이 돈인 트레이더들은 뉴스 또는 모멘텀으로 갑자기 터지는 1차 급등을 잡기 위해 언제 수급이 들어올지도 모르는데 바닥에서 매수 후 하염없이 기다릴 수는 없다. 따라서 일단 메이저 수급이 들어오며 1차로 급등이 나온 것을 확인한 후 2차 상승을 노리고 쉬어가는 단계에서 매수를 하는 방법이 바로 눌림목 매수다.

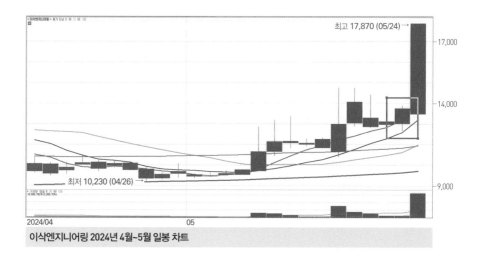

이삭엔지니어링 2024년 4월~5월 일봉 차트

위 이삭엔지니어링 차트를 보면 5월 17일 바닥에서 대량거래량이 터지며 장중 24%가 넘는 급등이 발생했다. 이후 4거래일 동안 가격은 거의 변동 없는 횡보를 보였지만 거래량은 지속적으로 감소하는 것을 볼 수 있다. 이렇게 짧은 횡보구간에서 시간이 지날수록 거래량이 감소하는 이유는, 첫 상승을 만든 메이저 수급이 급등 이후 적극적인 매수를 하지 않고 단타로 따라 들어온 물량만 소화하며 가격방어를 하다 보니 시간이 지날수록 단타의 손절 물량이 줄어들기 때문이다. 이제 더 이상 단타로 따라 들어와 실망한 매도물량이 없다고 판단될 때 주가는 다시 신규 매수자의 물량으로 급등하게 된다.

2부

장중
트레이딩 전략

단기매매 전 반드시 확인하자

대부분 초보투자자들이 하는 실수가 증시 시작 후 그때부터 허겁지겁 단기 매매할 종목을 찾는다는 것이다. 물건을 살 때도 사전 지식이나 준비 없이 판매자의 상술에 속아서 구매하면 나중에 후회하듯이 큰돈이 오가는 주식에서는 더욱 치밀한 준비가 필요하다. 아무리 본업이 바쁜 직장인이나 자영업자라도 아침에 10분~20분 스마트폰으로 확인할 수 있는 내용들이니 반드시 확인하자.

1. 미국 증시의 종가를 확인하자

이때 중요한 것은 다우존스가 아닌 빅테크 중심의 나스닥지수가 국내증시와 연관성이 더 높다는 것이다. 따라서 나스닥 종가를 더 비중 있게 보는 것이 현명하다. 국내증시는 글로벌 증시의 흐름 특히 미국증시 흐름과 떼려야 뗄 수 없는 관계다. 만약 미국증시의 현물이 하락 마감했다면 국내증시 시가 흐름도 하락 출발할 가능성이 크다. 이때 핵심포인트는 미국 나스닥 선물을 같이 보라는 것이다.

국내증시의 시가는 나스닥 현물의 종가에 영향을 받고 국내증시 장중흐름은 나스닥 선물에 영향을 받는 경우가 많다. 예를 들어, 나스닥 종가가 상승 마감한 이후 나스닥 선물이 하락 중이라면 국내증시는 전강후약, 즉 오전 상승 출발한 종목들이 오후에 하락세로 돌아설 수 있다. 반대로 나스닥 현물이 하락 마감한 이후 선물이 상승 중이라면 국내증시는 약세 출발한 후 상승흐름이 나올 수 있다. 지수 안에 섹터 있고 섹터 안에 종목이 있다. 어떤 종목도 지수의 영향을 피해가지 못한다. 나스닥 지수를 확인하는 방법은 인베스팅닷컴을 이용하면 된다. 스마트폰에서 무료로 다운로드받을 수 있다.

인베스팅닷컴 화면

2. 전일 시간 외 흐름과 동시호가 체크

전일 해당종목이 시간 외(정규장이 끝난 후 단일가 매매) 상한가를 갔거나 강세를 보인 종목은 장 시작 전에 미리 체크할 필요가 있다. 특히 개별종목이 아닌 반도체 2차전지 등 여러 종목이 시간 외 강세를 보인다면 다음날 해당 섹터가 강세를 보일 확률이 매우 높아진다. 다만 개별종목이 시간 외 상한가 등 초강세로 끝난 경우 다음날 갭상승 출발 후 오히려 시가 최고가로 장중 내내 하락 흐름을 보일 수 있으니 조심해야 한다. 아침 동시호가는 8시 40분부터 시작된다. 동시호가가 시작하자마자 종목이 상한가 또는 하한가에 들어가는 경우도 있는데 이것은 증권사 반대매매로 인한 일시적 현상이거나 적은 금액으로 호가를 왜곡시키는 경우일 때가 많다. 보통 아침 동시호가는 8시 55분 이후에 보는 것이 정확하다.

3. 9시~9시 15분 투자자의 자세

초보투자자들이 가장 많이 손해 보는 매매가 장이 시작되자마자 아침에 갭이 크게 뜬 종목을 매수하거나 어제 사고 싶었던 종목이 상승하는 것을 보고 바로 추격매수하는 것이다. 시장에서 선택받은 종목을 매수하는 것이 아닌 개인감정에 치우쳐 매수하는 것은 충동매매, 뇌동매매의 일종이다. 단기매매는 내가 좋아 보이는 종목을 매수하는 것이 절대 아니다.

내가 선택한 종목이 아닌 시장에서 선택받은 종목, 즉 오전에 수급(돈)이 가장 많이 몰리는 종목에서 매매하는 것이 핵심포인트다. 또한 거래량도 중요하지만 가장 최우선으로 봐야 할 것은 거래대금이다. 그럼 수급이 가장 많이 몰리는 종목을 찾기 위해 증시에 상장된 2,500개 종목을 일일이 확인해야 할까? 아니다. HTS, MTS가 그 번거로움을 해결해준다. 다음은 키움증권 기준 〔0186〕 거래대금상위를 보여주는 창이다. 대부분의 증권사도 같은 기능을 제공한다.

거래대금상위를 보면 상승하는 종목과 하락하는 종목이 모두 보인다. 위 화면을 보면 하락종목과 초대형주 삼성전자와 SK하이닉스를 제외하면 시장에서 수급이 몰리며 상승하는 종목으로는

HLB, 신성델타테크, 엔켐, 나무가 정도가 있다. 단기투자는 이런 종목에서 해야 성공 확률이 높아진다.

다시 한 번 말하지만 절대 거래대금이 없는 곳에서 단기매매를 하면 안 된다. 부동산을 예를 들어보자. 만약 내가 비교적 짧은 기간(1~2년) 안에 부동산을 매매해서 이익을 남기고 싶다면 시골 외진 곳에 있는 주택에 투자하겠는가? 아니면 거래량이 활발한 서울 아파트 대단지에 투자하겠는가? 답은 명확하다. 결국 모든 투자가 내 매수가보다 더 높은 가격에 사줄 사람이 나타나면 성공한 것이다.

주식투자도 마찬가지다. 많은 사람들이 몰리는 종목이라는 것은 내가 산 가격 위로 사줄 사람이 확률상 많다는 뜻이다. 또한 거래량이 없이 급등하는 종목은 세력들의 의도된 급등일 수도 있기 때문에 초보투자자들은 각별한 주의가 필요하다.

급등의 정석 돌파매매 전략

돌파매매는 특정 가격의 매물이 소화될 때 함께 매수하여 추가 상승을 기대하는 매매방법이다. 돌파매매 종목을 고르는 가장 기본은 일봉상 신고가다. 절대 잊지 말아야 한다.

오전 돌파매매 전략

장 시작 후 거래대금 최상위 종목의 호가창을 체크했을 때 특정 호가에 매물이 많이 쌓이는 경우는 보통 전일 매물대 돌파나 5,000, 10,000 등 딱 떨어지는 라운드피겨 가격이다. 예를 들어, A종목이 시가 9,500에 출발하여 현재가 9,900원이 되었다. 이제 10,000원 터치를 목전에 두고 있는데 10,000원이라는 가격은 숫자가 딱 떨어지는 가격이다. 이런 가격을 주식에서는 라운드피겨라고 한다. 라운드피겨 가격에서는 기존에 물려 있던 사람들 또는 보유자 중에 수익실현 욕구가 있는 사람들이 본인의 주식을 매도에 걸어놓을 확률이 높아지게 된다. 9,950원 9,960원이라는 가격보다 10,000원에 매도를 걸어놓는 것이 매도자 입장에서는 입력하기 쉬운 선택이 된다. 따라서 이런 라운드피겨 가격에 상대적으로 많은 매도 물량이 쌓이게 되고 이 가격이 상승추세에 있는 주식에 저항가격이 되고 만다. 이때 더 큰 매수세가 붙어 이 구간을 돌파하게 된다면 해당 종목은 순간적으로 상승에 가속이 붙게 된다. 이 가속을 이용하는 것이 바로 돌파매매의 원리다. 다음 호가창을 보며 다시 설명하겠다.

동진쎄미켐						
VI 기준가	42,350	VI 상승가	46,600	59 호가	6.76%	2,950
시장	코드	등락	등락률	회전율	전일비	전일
■코스닥	005290	+2,500	+6.08%	0.81%	27.35%	-1,105,596
	211	+7.29%	44,150		시가	42,350
	2,130	+7.17%	44,100		고가	43,700
	745	+7.05%	44,050		저가	42,100
34	22,260	+6.93%	44,000		현재가	43,650
31	6,207	+6.80%	43,950		상한가	53,400
12	9,737	+6.68%	43,900		하한가	28,850
-30	2,309	+6.56%	43,850		기준가	41,150
	2,542	+6.44%	43,800		거래량	416,176
	1,974	+6.32%	43,750		거래대금	17,820
905	3,801	+6.20%	43,700		체결강도	213.67%
09:03:19	43,650	8	43,550	+5.83%	11	
09:03:19	43,650	1	43,500	+5.71%	220	50
09:03:19	43,650	4	43,450	+5.59%	1	
09:03:19	43,700	10	43,400	+5.47%	1,686	1,036
09:03:19	43,550	1	43,350	+5.35%	1,236	1
09:03:19	43,550	11	43,300	+5.22%	4,487	88
09:03:19	43,600	39	43,250	+5.10%	1,394	
09:03:19	43,600	3	43,200	+4.98%	13,576	-30
09:03:19	43,600	10	43,150	+4.86%	740	1
09:03:19	43,600	1	43,100	+4.74%	860	
+989	51,916		09:03:20		24,211	+511

현재 약 6% 수준에서 상승하고 있는 동진쎄미켐의 호가창이다. 44,000원 매도 물량을 보면 2만 2,260주의 물량이 걸려 있다. 금액으로는 10억 원 정도다. 확실히 다른 가격보다 매도 물량이 많은

상황으로 신규 매수자 입장에서는 저 가격을 주시할 것이다. 이때 상승하던 주식이 44,000원을 돌파하지 못하면 매수세보다 매도 물량이 강하기 때문에 (10억 원 이상의 매수세가 들어오지 않았으므로) 44,000원이 당일 고점이 된다. 만약 돌파를 한다면 10억 원 이상의 큰 매수세가 붙었다는 의미로 44,000원 위로 44,050원, 44,100원, 44,150원 호가에는 물량이 많이 없어 순간적으로 위쪽으로 큰 변동성이 나오게 된다. 이때 매수를 고민하던 신규 매수자도 같이 매수에 동참해 상승탄력은 더욱 좋아진다.

강물을 막고 있던 둑이 무너지면 물이 순식간에 빠른 속도로 흘러갈 것이다. 돌파매매는 바로 이런 관성의 원리를 이용하는 것이다. 특정가격에 10억 원이 아닌 50억 원, 100억 원 등 큰 물량이 걸려 있고 이것이 더 큰 매수세에 의해 소화될 때 돌파매매의 확률

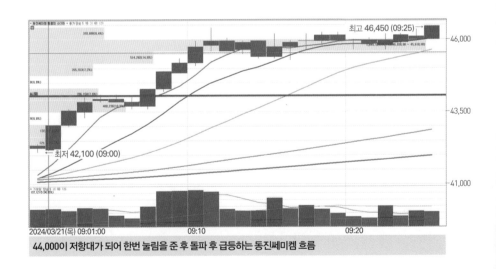

44,000이 저항대가 되어 한번 눌림을 준 후 돌파 후 급등하는 동진쎄미켐 흐름

은 더욱 올라간다. 만약 라운드피겨 돌파 후 바로 올라가지 못한 다면 즉시 매도 준비를 해야 한다. -1% 수준의 손절가를 터치하면 매도 후 다시 지켜보다가 그 가격을 재돌파할 때 다시 매수를 해야 한다. 명심해야 할 것은 돌파가 실패했을 때는 평단을 낮추기 위한 추가매수가 아닌 손절을 해야 한다는 것이다. 모든 단타는 손절을 할 줄 알아야 한다. 손절을 못하면 9번 성공해도 1번 실패에서 그 동안 번 수익금을 모두 토해내게 된다.

돌파매매는 손절을 기계적으로 하지 못하는 사람에게는 가장 위험한 매매법이다. 손절을 비교적 잘하는 사람이라도 내가 감당할 수 없는 수준의 비중을 넣으면 손절 자리에서 멈칫하게 되고 주가가 급락하면 큰 손실로 마감하게 된다. 따라서 돌파매매는 내가 감당할 수 있는 금액, 즉 예상이 틀렸을 때 바로 손절이 가능한 수준의 비중을 넣자. 독자들마다 그릇이 달라서 정형화하기 어렵지만 권장 비중은 초보인 경우 전체 자금의 10~30% 수준이 적당하다. 그리고 돌파매매가 익숙해져 확률과 수익금이 늘어난다면 매수 금액은 자연스럽게 늘어날 것이다. 그리고 명심해야 하는 것은 절대로 분할매수는 하면 안 된다. 돌파매매는 그 가격을 돌파하는 순간의 관성을 이용한 매매인데 예상이 틀렸을 때 단순 평단을 낮추기 위한 물타기를 하면 안 된다. 반드시 손절을 하고 그 자리에서 재돌파가 타점이 나왔을 때 다시 들어가야 한다.

오후 돌파매매 전략

오후 시간 돌파매매가 오전 돌파매매와 다른 점은 오전 돌파매매는 전일 전고점이나 특정가격(라운드피겨)을 돌파할 때 매수 타점을 잡았다면 오후 돌파매매는 오전 시간 형성된 전고점 매물대를 돌파할 때 매수한다는 것이 특징이다. 또한 오후 시간은 오전보다 거래량이 많이 감소하는 시간대이기 때문에 오전보다 종목 선정기준을 더욱 타이트하게 봐야 한다. 즉, 시장 주도주 거래대금 1위~2위 종목만 공략하는 것이 확률상 유리하다(삼성전자, SK하이닉스 등 초대형주를 제외한 거래대금 1위 종목).

오후 3시 12분 전고점을 돌파하며 상한가를 가는 한미반도체 차트(전고점 76,000원)

오전 또는 점심시간에 고점을 형성하고 조정을 보인 종목이라면 분명 고점에 물린 투자자가 있기 마련이다. 그 투자자들의 심리는 '본전만 온다면 탈출'이다. 즉, 매수자 입장에서는 언제라도 매도 물량이 나올 수 있는 불확실성이 생긴 것이다. 이때 오후에 다시 저점에서 수급이 들어오며 전고점 근처까지 간 주식이 앞에 고점에서 물린 매물만 소화한다면 그 종목은 분명 다시 신고가를 갈 것이다. 시장 단기 참여자들이 직전 고점 매물이 소화되며 돌파할 때 매수 버튼을 함께 누를 것이고 주식은 관성에 의해 단기로 추가

슈팅이 나오게 된다. 직전 고점이 약 76,000원인 것을 기억하고 다음 호가창을 보면 이해하기 쉽다.

한미반도체						
VI 기준가	74,100	VI 상승가				
시장	코드	등락	등락률	회전율	전일비	전일
■코스피	042700	+15,000	+24.83%	11.62%	1,620.57%	10,616,956
	6,549	+26.32%	76,300		시가	61,200
	5,921	+26.16%	76,200		고가	76,800
	5,169	+25.99%	76,100		저가	60,400
	26,416	+25.83%	76,000		현재가	75,400
	9,008	+25.66%	75,900		상한가	78,500
	8,220	+25.50%	75,800		하한가	42,300
	6,825	+25.33%	75,700		기준가	60,400
	3,799	+25.17%	75,600		거래량	11,315,180
-78	20,212	+25.00%	75,500		거래대금	807,870
116	3,399	+24.83%	75,400		체결강도	132.13%
15:11:59	75,400	1	75,300	+24.67%		3,332
15:11:59	75,400	3	75,200	+24.50%		4,926
15:11:59	75,400	3	75,100	+24.34%		3,399
15:11:59	75,300	2	75,000	+24.17%		17,000
15:11:59	75,300	1	74,900	+24.01%		22,617
15:11:58	75,300	44	74,800	+23.84%		14,947
15:11:58	75,400	3	74,700	+23.68%		6,171
15:11:57	75,300	1	74,600	+23.51%		13,214
15:11:57	75,300	1	74,500	+23.34%		31,128
15:11:57	75,400	6	74,400	+23.18%		23,711
+38	95,518		15:12:00			140,445

　오후 3시 12분 한미반도체 호가창이다. 76,000원에 26,416주의 매물이 쌓여 있는 것을 확인할 수 있다. 금액으로는 20억 원 수준이다. 직전 고점에 물렸던 투자자들이 본전 수준에서 탈출을 위해 물량을 내어 놓은 것이다(매도 물량). 기관, 외국인 등 특정 주체나 개인투자자 집단이 20억 원 이상의 매수를 해준다면 전고점 매물을 소화하는 것이 되고, 그 이후에는 매도세보다 매수세가 더 강해지며 관성에 의해 주가는 추가상승을 하게 된다. 실제로 해당 종목은 76,000원에 매물을 소화하고 78,500원에 당일 상한가로 마감했다.

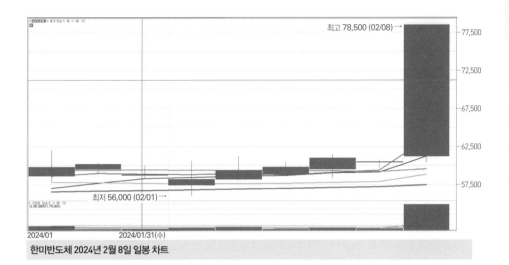

최고 78,500 (02/08)→

최저 56,000 (02/01)→

2024/01   2024/01/31(수)

한미반도체 2024년 2월 8일 일봉 차트

 **비중관리 팁**

오전 돌파매매보다 확률이 상대적으로 떨어지기 때문에 비중은 오전 돌파매매의 절반이 적당하다고 본다. 오후 돌파매매는 시장 대장주인 경우 박스권 돌파 슈팅 후 그대로 상한가를 가거나 다음날 시가에 갭상승하는 경우도 많아서 적은 비중으로도 높은 수익률을 기대해볼 수 있다.

돌파매매 시 체크해야 할 점

첫째, 일봉상 신고가 돌파 흐름을 보이는 종목이나 직전매물대가 최소한 6개월 이상 멀리 있는 종목에서 매매해야 한다. 분봉상 차트가 좋아도 일봉상 역배열 종목이라면 언제라도 일주일 전, 2주일 전 또는 한 달 전에 매수 후 손실 본 투자자의 매물이 나올 수 있다. 이 불확실성 매물로 인해 돌파매매 확률이 떨어지게 된다. 역배열종목을 바닥에서 매수하는 것은 눌림이나 가치투자 또는 저점매수 관점인 것이지 빠른 매물 소화 후 단기로 수익을 보는 돌파매매 관점에서는 전혀 맞지 않는 종목이다. 단, 직전매물대가 6개월 이상 벌어져 있다면 이미 단기로 접근한 투자자들은 손절을 하고 나간 경우가 많아 의외로 쉽게 돌파가 되는 경우도 있다. 역배열에서 돌파를 하는 경우 정말 예외적으로 그 종목에 시늉까지 없었던 역대급 대형호재가 터져서 당일 사상최대 거래량이 터지는 경우다. 하지만 이런 경우는 잘 나오지 않는다. 주식은 확률 게임이기 때문에 역배열 종목에서 몇 번 수익을 내더라도 자주하게 되면 결국 계좌는 손실로 수렴된다.

둘째, 거래량이 없는 종목에서는 절대 하면 안 된다. 돌파매매는 군중심리를 이용한 매매방법이다. 특정가격을 돌파할 때 나를 포함해서 많은 사람들이 특정 가격에서 같이 사줘야 가격이 더욱더 올라가는 것이다. 그러나 거래량이 없거나 주도주가 아닌 종목은 해당가격을 돌파했다 하더라도 후속 매수세가 안 붙기 때문에 돌파 후 바로 떨어지는 경우가 많다. 또한 거래량이 상대적으로 적은 종목은 세력들이 핸들링하기가 좋아 인위적으로 차트를 만든 뒤 돌파타점에 들어오는 투자자에게 물량을 넘길 수 있다. 이런 종목은 시간이 지나면 경험을 통해 구별할 수 있지만 초보 때는 판단하기 힘들기 때문에 무조건 거래대금 많은 종목에서 매매하는 것이 세력의 미끼를 피해갈 수 있다.

셋째, 큰 갭상승 출발이나 원웨이(조정이나 눌림목 없이 다이렉트로 올라가는)의 경우 상승돌파는 확률이 낮다. 돌파를 노리고 있는 종목이 5~10% 이상 갭이 크게 떠서 시작하거나 조정 없이 다이렉트로 올라가면, 해당 매물이 소화된다고 하더라도 전일 종가배팅을 한 사람들의 갑작스러운 매물이 나올 수 있어서 절대적으로 조심해야한다. 오히려 돌파 후 급락하는 경우도 많다. 위에서도 언급했지만 정상적인 주식 차트는 모든 참여자들이 만든 생각의 합인데 기관, 외국인, 프로그램 등의 세력이 조정 없이 분봉상 상승만 시킨 인위적인 차트는 해당구간이 돌파된다 하더라도, 돌파매매를 노리고 개인들이 매수하면 그 자리에서 여지없이 차익매물이 나오며 떨어진다. 따라서 돌파매매 확률을 높이려면 특정 주체가 만든 인위적인 시세가 아닌 최대한 다수의 개인투자자와 기관·외국인이 모두 참여하는 주도주에서 해야 한다.

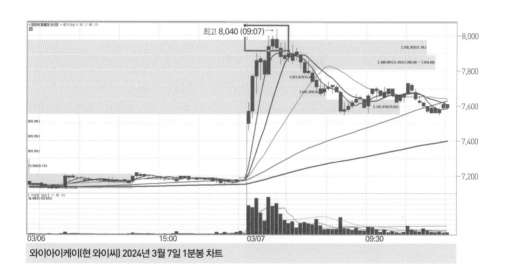

와이아이케이(현 와이씨) 2024년 3월 7일 1분봉 차트

해당 종목은 큰 갭상승 출발 후 8,000원이 라운드피겨 가격을 돌파하고 잠깐 8,040원을 찍었지만 이내 급락한 경우다. 특정 기법이 모든 주식투자에서 100% 통한다고 믿지 않는다. 주식투자가 어려운 이유는 이와 같이 하나의 기법을 모든 주식에 똑같이 적용하려는 행위 때문이다.

넷째, 전고점까지 분봉상 강한 슈팅이 나온 경우는 한 번 더 생각하자. 오전에 형성된 물량을 차근차근 저점을 높이면서 소화하는 자연스러운 흐름이 아닌 저점에서 강한 슈팅으로 전고점을 터치하는 종목의 경우 주의가 필요하다. 전고점 돌파매매는 직전 고점매물을 소화하기 위해 그 가격까지 차근차근 저점을 높이며 쌓아 올라가는 것이 정말 중요하다. 하지만 다음 비올 차트를 보면 눌림에서 전고점까지 굉장히 가파르게 급등하는 모습을 보인다. 즉, 전고점 매물을 소화한 후 급등이 아닌 저점에서 전고점 매물까지의 급등이다.

이 차이를 반드시 기억해야 한다. 이런 경우는 거래대금 지수 상황도 영향을 주었겠지만 보통은 세력(기관, 외국인 혹은 빅트레이더 개미)들이 저점에서 물량을 모은 후 급한 슈팅을 만들고 직전 고점 근처에서 돌파매매 매수자들의 매수세가 들어오면 물량을 떠넘기는 방법이다. 이 패턴에 정말 많은 돌파매매 트레이더들이 당한다. 이제 막 돌파매매를 시작한 초보 트레이더들은 본인들이 왜 당했는지도 모른다. 필자도 이 패턴을 쉽게 설명하기 위해 정말 많은 고민을 했다는 것을 알기 바란다.

최고 10,780 (14:50)

비올 2024년 3월 25일 3분봉 차트

　　돌파가 실패하는 전형적인 차트다. 오전 전고점까지 자연스럽게 올라가는 것이 아닌 저점에서 급하게 급등이 나오며 전고점까지 올랐다. 이런 경우 전고점(돌파 자리)이 최고가가 되는 경우가 많다. 꼭 기억하자.

　　다섯째, 돌파가 실패하는 호가창에 주목하라.

엔젤로보틱스 (호가창 1번)

VI 기준가	50,500	VI 상승가	55,600	-144 호가	-20.57%	-14,400
시장	코드	등락	등락율	회전율	전일비	전일
■코스닥	455900	+50,000	+250.00%	176.67%	0.00%	24,759,914
	224	+254.50%	70,900	시가		50,500
	4,981	+254.00%	70,800	고가		70,000
	518	+253.50%	70,700	저가		44,100
	469	+253.00%	70,600	현재가		70,000
	1,535	+252.50%	70,500	상한가		80,000
	565	+252.00%	70,400	하한가		12,000
	921	+251.50%	70,300	기준가		20,000
	585	+251.00%	70,200	거래량		24,759,914
	1,559	+250.50%	70,100	거래대금		1,272,355
-827	21,089	+250.00%	70,000	체결강도		96.24%
14:26:32	70,000	14	69,900	+249.50%	954	-191
14:26:32	70,000	1	69,800	+249.00%	483	117
14:26:32	70,000	7	69,700	+248.50%	734	130
14:26:32	69,900	2	69,600	+248.00%	9,726	11
14:26:32	70,000	1	69,500	+247.50%	9,267	10
14:26:32	69,900	50	69,400	+247.00%	5,481	
14:26:32	70,000	277	69,300	+246.50%	4,403	
14:26:32	70,000	16	69,200	+246.00%	5,079	-13
14:26:32	70,000	7	69,100	+245.50%	6,145	4
14:26:32	70,000	7	69,000	+245.00%	5,540	1
-827	32,446		14:26:33		47,812	+69

엔젤로보틱스 (호가창 2번)

VI 기준가	50,500	VI 상승가	55,600	-144 호가	-20.57%	-14,400
시장	코드	등락	등락율	회전율	전일비	전일
■코스닥	455900	+50,000	+250.00%	176.85%	0.00%	24,785,988
	236	+254.50%	70,900	시가		50,500
	4,922	+254.00%	70,800	고가		70,400
	968	+253.50%	70,700	저가		44,100
	415	+253.00%	70,600	현재가		70,000
	1,548	+252.50%	70,500	상한가		80,000
	517	+252.00%	70,400	하한가		12,000
1	1,108	+251.50%	70,300	기준가		20,000
	14	+251.00%	70,200	거래량		24,785,988
15	311	+250.50%	70,100	거래대금		1,274,180
-201	118	+250.00%	70,000	체결강도		96.37%
14:26:34	70,000	10	69,900	+249.50%	40	2
14:26:34	70,100	1	69,800	+249.00%	2,238	44
14:26:34	70,100	1	69,700	+248.50%	2,996	20
14:26:34	70,100	1	69,600	+248.00%	9,914	
14:26:34	70,100	40	69,500	+247.50%	9,657	
14:26:34	70,000	220	69,400	+247.00%	5,406	1
14:26:34	70,000	1	69,300	+246.50%	3,722	
14:26:34	70,000	10	69,200	+246.00%	6,253	
14:26:34	70,000	200	69,100	+245.50%	5,997	4
14:26:34	70,000	33	69,000	+245.00%	5,379	-5
-185	10,157		14:26:35		51,602	+66

엔젤로보틱스 7만 원 기준 호가창 1, 2번

1번 호가창을 보면 7만 원 라운드피겨에 21,089주의 물량이 쌓여 있는 것을 확인할 수 있다. 경험이 많지 않은 돌파매매 트레이더라면 저 가격의 물량을 소화하면 급등할 것으로 예상하고, 7만 원 매물을 소화하는 순간 매수버튼을 누를 것이다.

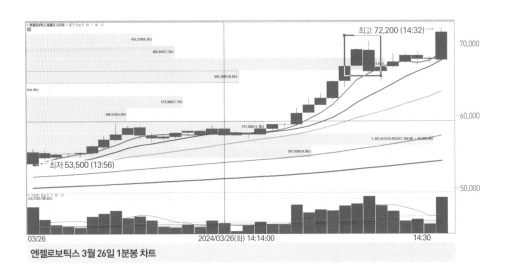

엔젤로보틱스 3월 26일 1분봉 차트

그러나 위의 차트에서 보듯 주가는 7만 원을 돌파하고 70,400원까지 잠깐 오른 후 이내 -4% 이상 급락이 나왔다. 이런 상황을 어떻게 피할 수 있을까? 답은 2번 호가창 매수대기 물량에 있다. 주가는 부정하고 싶어도 결국 큰손(외국인, 기관, 개인 빅트레이더 세력)에 의해 움직인다. 7만 원을 돌파한 후 추가적으로 상승흐름이 멈춘 상황에서 매수 호가창에 매수 잔량이 51,000주까지 크게 늘어나는 것을 볼 수 있다. 즉, 이미 그전부터 상승흐름을 탄 주식이 7만 원을 돌파하지 못하고 머뭇거리는 순간 매수 잔량이 쌓이며 큰 자금이 시장가 매도를 할 수 있는 상황을 만들어주었다. 큰손 입장에서 이제 차익실현을 할 수 있는 환경이 조성된 것이다. 매수 잔량이 많다는 것은 그만큼 큰 물량의 보유자 입장에서 시세를 훼손시키지 않고 시장가 매도로 물량을 정리할 수 있다는 뜻이다. 정리하면 원웨이로 라운드피겨를 돌파한 상황에서 바로 상승하지 않고 매수 잔량이 급격하게 늘어난다면(매우 중요한 신호다), 하락위험이 있으니 손절 매도를 한 후 재돌파 기회를 다시 찾는 것이 현명하다.

여섯째, 지수하락기에 주목하라. 돌파매매는 군중의 힘을 이용하는 매매법이다. 지수가 안 좋다면 그만큼 오전에 단기매매에 참여하는 투자자의 수가 줄어든다. 즉, 특정가격을 돌파한 후 매수에 참여하는 트레이더들이 많이 없다면 추가 상승확률은 그만큼 낮아지게 된다. 모든 단기매매는 확률 싸움이다. 지수가 상승일 때는 그만큼 확률이 높고 지수가 안 좋을 때는 확률이 낮아진다. 따라서 나스닥 선물의 상승, 오전·오후 당일 지수의 흐름 등 모든 상황을 고려하여 매수를 결정해야 한다.

돌파매매의 장점뿐만 아니라 단점과 주의할 점도 자세히 기술한 이유는 주식투자를 할 때는 수익 내는 법도 중요하지만 손실 나는 행위를 계속 줄여나가는 것도 중요한데, 그렇게 해야 장기적으로 계좌가 우상향할 수 있기 때문이다. 손실 나는 행위를 고치지 않고 반복한다면 주식시장에서 5년, 10년이라는 경험이 쌓여도 계좌는 항상 마이너스일 것이다. 반드시 기억하기 바란다.

역발상 투자 눌림매매 전략

오전 눌림매매 1 (전일 박스권 지지)

눌림매매란 상승추세에 있는 주식이 갑작스러운 매도세에 순간적으로 조정을 받게 되는데 이때 저점에서 매수를 하는 방법이다. 아무리 좋은 주식이라도 수많은 투자자가 해당주식을 매매한다면 서로 생각하는 바가 다르기 때문에 한쪽은 매수를, 다른 한쪽을 매도를 한다. 그런 수많은 선택이 차트를 만드는 것이다. 상승추세에 있는 주식은 당연히 매도자보다 매수자가 많다는 뜻이다.

그런데 아침에 상승출발한 주식이 일정 기간 상승하면 기존 보유자들 중에 적당히 차익실현을 하려는 욕구를 갖는 사람들이 하나둘 생겨나게 되고, 그 사람들의 생각이 매수자보다 많아지면 하락이 나오기 시작한다. 이때 하락하는 주가를 보고 기존 보유자들이 하나둘 차익실현에 나서며 주가는 더 빠르게 하락하고 마지막에 공포물량이 나오면 주가는 순간적으로 급락하게 된다.

이후 매도자들이 충분히 물량을 정리하면 더 이상 매도할 사람들이 없게 되고 주가는 다시 신규매수자들에 의해 반등이 나오게 된다. 그럼 어디까지 떨어졌을 때 매수해야 할까? 충분히 떨어졌다고 판단해서 눌림을 잡았는데 더 떨어지면 어떻게 해야 하나? 지금부터 그 질문에 대한 답을 알려주겠다. 먼저 상승하는 주식이 떨어졌을 때 산다고 해서 무조건 반등이 나오라는 보장은 없지만 꽹장히 확률 높은 반등 자리는 있다. 자, 다음 그림을 보며 다시 설명해 보겠다.

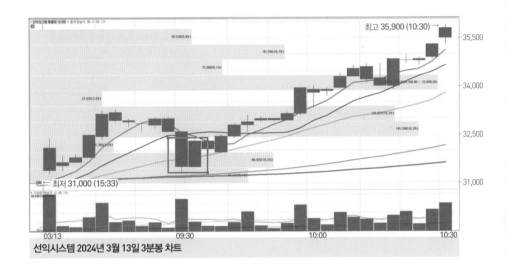

선익시스템 2024년 3월 13일 3분봉 차트

이 종목의 3분봉 흐름을 보면 장 시작 후 강세로 출발한 주식이 9시 30분 급락이 나오고 다시 반등 후 상승추세를 이어간다. 저 반등자리는 어디일까? 이 주식차트는 당일이 아닌 전날 것까지 함께 보아야 한다.

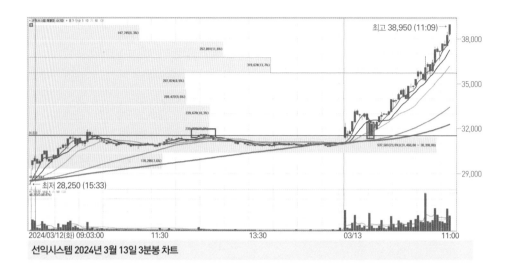

최고 38,950 (11:09) →

최저 28,250 (15:33)

2024/03/12(화) 09:03:00   11:30   13:30   03/13   11:00

선익시스템 2024년 3월 13일 3분봉 차트

　그렇다. 급락 후 반등이 나온 자리는 전일 박스권 상단 매물대
였다. 저 자리까지 주가가 단기 하락 후 투자자들은 다시 적극적으
로 매수세로 돌아서게 되며 주가가 다시 상승추세를 이어가게 되
었다. 오전 급등주 눌림매매의 핵심은 당일 시장 대장주가 시가 이
후 강한 상승을 보이다가 순간적으로 급락하는 것이 핵심이다. 꼭
기억하기 바란다.

　다른 사례를 보자. 해당종목은 보합에서 출발한 후 강한 급등
그리고 9시 10분 이후 본격적인 하락세에 진입했다. 여기까지는 직
전 차트와 다를 바가 없다. 전형적인 급등 후 눌림 패턴이다. 이 종
목도 마찬가지로 많은 투자자들이 시가 부근 눌림에서 접근하겠지
만 만약 해당 자리에서 매수했다면 손실이다.

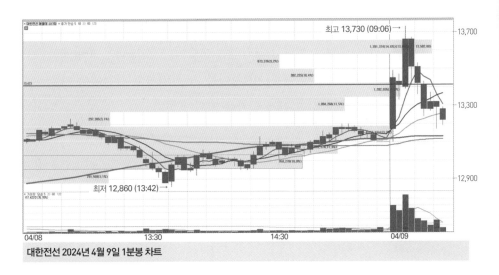

대한전선 2024년 4월 9일 1분봉 차트

대한전선 2024년 4월 9일 3분봉 차트

같은 자리에서 급등 또는 추가 하락을 구별하는 핵심은 바로 눌림 구간에서 순간 급락 여부다. 선익시스템의 경우 3분 동안 -4%가 넘는 순간적인 급락이 나오며 추격 매수하는 개인투자자들을 따돌리는 모습이 나온다. 하지만 대한전선 3분봉을 보면 순간 급락이 아닌 −1% 내외로 계단식 하락하는 모습이다. 상승하는 주식에서 장 초반 패닉셀 발생 여부, 이 차이를 꼭 기억하고 실전에서 여러 번 소액으로 연습하며 실전 감각을 키워야 한다.

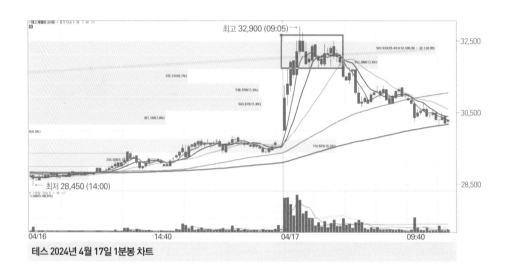

테스 2024년 4월 17일 1분봉 차트

개인들이 눌림에서 많이 당하는 차트 하나만 더 보면 장 초반 급등 후 하락이 나올 때 단봉에서 바로 급락이 나와야 반등할 확률이 높아지는데 위에 차트를 보면 급등 후 고가에서 박스권을 그리며 횡보하는 것을 볼 수 있다. 이것은 주가를 핸들링하는 메이저 수급이 고가에서 물량을 어느 정도 정리했다는 뜻으로 해석할 수 있다. 즉, 고가 박스권이 나오고 하락하면 메인세력들이 개인들을 따돌리기 위해서가 아닌 주요 수급이 빠져서 하락했다고 생각해야 한다.

비중은 20~30% 매수는 1분당 한 번 2~3번 정도 분할매수를 권장하며 무한 물타기는 절대 하면 안 된다. 또한 주가 반등 시 플러스 2% 수준부터는 절반 차익을 하고 이후 물량은 오전 추세가 이어질 때까지 여유 있게 보자. 손절은 반드시 내가 매수를 기준으로 봤던 전일 박스권 매물대나 시가를 이탈하는 시점이다. 오전 눌림매매는 손절을 –2% 수준으로 잡고 대응하자.

오전 눌림매매 1-2 (당일 시가 지지)

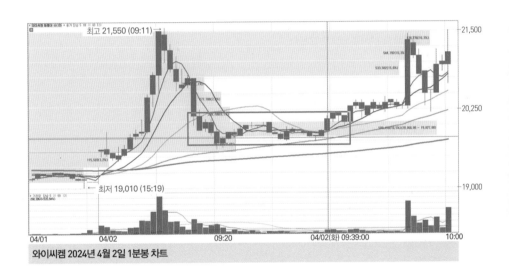

와이씨켐 2024년 4월 2일 1분봉 차트

해당 차트를 보면 9시 10분 최고점을 형성 후 9시 20분까지 굉장히 빠르게 급락하는 것을 볼 수 있다. 하락은 당일 시가인 19,600원 지지라인에서 멈췄고 약 30분간 매집 후 다시 전고점까지 붙이는 급등이 나왔다. 눌림매매의 신뢰도가 올라가는 차트는 급등 시 전고점에서 박스권을 그리고 천천히 내려오는 것이 아닌 위 차트

처럼 순간 고점을 찍은 후 급격한 급락이 나오는 것이다. 이런 차
트는 눌림 후 급등의 정석이니 반드시 기억하기 바란다. 분할매수
는 직사각형 박스권에서 하면 된다.

 **비중관리 팁**

고점에서 순간적으로 급락이 나온다고 바로 분할매수에 들어가면 안 된다. 시가부터 거래량
이 터지며 고점이 형성된 기간이 10분이라면 저점도 고점 형성 후 10분 이후가 될 가능성이
많다. 충분히 차트를 관찰한 후 당일 시가 지지가 확실히 되는지 확인하고 2~3번 분할매수로
접근하자. 만약 매수 후 한 시간이 지났는데도 전고점을 붙이는 반등이 나오지 않는다면 오후
에 그대로 흘러내릴 가능성이 있으니 리스크 관리를 해야 한다. 이 눌림매매는 아무리 길게 잡
아도 평균 오전 11시를 넘으면 안 된다.

오전 눌림매매 1-3 (전일 종가 지지)

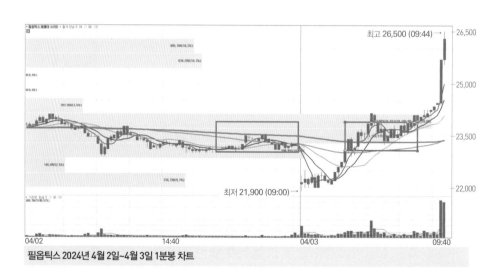

필옵틱스 2024년 4월 2일~4월 3일 1분봉 차트

시가가 마이너스에서 출발한 종목이 거래량이 터지며 급등하는 경우 당연히 전일 종가 매물을 소화하며 양봉이 만들어진다. 이때 전일 종가배팅이나 기존에 물린 투자자들이 본전 매물을 내놓으며 주가는 순간적으로 눌리게 되는데 이때 바로 하락하지 않고 전일 종가를 지지하는 흐름이 나온다면 여기를 메이저 수급이 재매집하는 구간으로 보면 된다. 눌림매매 타점은 바로 이 구간에서 하면 된다.

 비중관리 팁

시가가 마이너스에서 시작 후 급등하는 종목은 시세의 속도도 상대적으로 빠른 경향이 있다. 따라서 순간적인 전일 종가 눌림에서 한두 번 5분 안에 매수를 끝내야 하고 추가매수는 가급적 안 하는 것이 좋다. 이런 패턴은 시세가 나올 상황이라면 매수하고 10분 안에 바로 반등이 나와 줘야 한다. 매수 후 10분이 지나고 수익전환이 안 되면 빠른 판단으로 매도하는 것이 바람직하다.

오전 눌림매매 1-4 (주도주 급락)

시장의 중심 섹터 중 대장주급 종목이 완만한 추세 우상향을 보이다가 지수 하락 또는 단기 수급꼬임에 의해 장 시작 후 10분 정도 반등 없이 순간 급락하는 경우가 있다. 하락 시 반등을 주며 완만하게 조정을 보이면 하루 종일 주가회복을 못하는 경우도 있지만, 조정 없이 원웨이로 급락하는 경우 의미 있는 지지라인에서 반발매수세가 강하게 들어오는 경우가 많다.

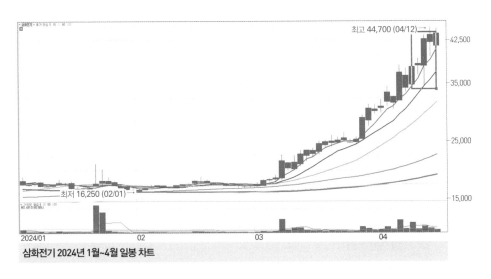

삼화전기 2024년 1월~4월 일봉 차트

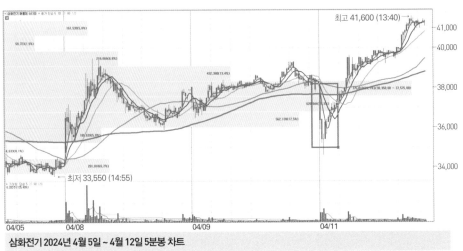

삼화전기 2024년 4월 5일 ~ 4월 12일 5분봉 차트

위 차트를 보면 삼화전기는 AI인공지능 수혜 기대감으로 일봉
상 추세 우상향을 지속하고 있었는데 4월 11일 오전 시장 영향으로
9시~9시 10분 동안 −9.9%에 가까운 급락이 나왔다. 종목에 특별

히 악재가 없는 상황에서 이런 급락은 의미 있는 매물대 구간에서 강한 반등을 주게 된다.

삼화전기도 4월 5일 오후 박스권 매물대 구간에서 강하게 반등하며 급등했다. 주도주에서 장 초반 급락 눌림목을 잡을 때 매수 포인트는 장 시작 직후가 아닌 9시 10분~20분이다. 세력들은 기존 보유자들의 공포감이 극에 달할 때까지 주가를 크게 하락시키는데 장 시작 후 1~2분 하락시킨다고 기존보유자들이 물량을 내놓지 않는다. 보통 10~20분 하락률 5~10% 정도에서 기존 보유자들의 공포감이 극에 달하고 투매 물량이 쏟아진다. 삼화전기도 장 시작 후, -9.9% 급락 후, 10일선 지지 후 다시 반등하는 흐름이다. 이날 삼화전기는 -9.9% 급락 후 최고가가 12.89%로 최저점 대비 20% 넘게 급등했다.

 비중관리 팁

9시 10분 이후 신고가 주도주 중 급락 나온 종목을 찾아 비중 10~20% 내외에서 매수하자. 만약 매수 후 9시 30분이 지나도 강한 반등 없이 옆으로 횡보한다면 추가 하락 가능성이 높으니 매도를 준비해야 한다. 또한 매수 후 -3% 이상 추가 하락이 나오면 일단 매도를 해야 한다. 의미 있는 매물대를 모두 이탈하고 계속 빠진다는 것은 내가 모르는 악재가 있을 수도 있다는 뜻이다. 또한 어떠한 경우에도 단순 평단을 낮추기 위한 물타기는 절대 금지다.

오전 눌림매매 2 (시장 대장주)

오전 10시 전후까지 최소 1,000억 원 이상 대량 거래대금을 수반한 시장의 주도주가 바로 상한가에 들어가지 않는다면 점심시간이 가까워짐에 따라 거래대금이 감소하며 박스권을 그리거나 조정을 받게 된다. 이때 오전 급등 시 크게 눌렸던 자리까지 주가가 조정받게 된다면 굉장히 높은 확률로 반등을 하는데, 이 구간을 잘 공략한다면 쉽게 수익을 올릴 수 있다.

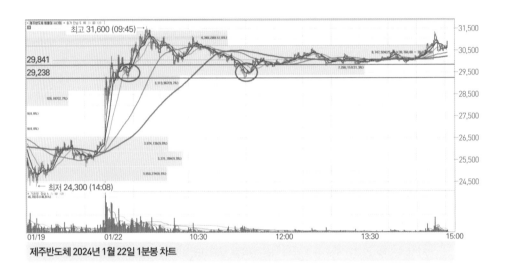

제주반도체 2024년 1월 22일 1분봉 차트

위 차트를 보면 아침부터 강세로 출발한 주가가 9시 30분 전후로 29,000원 부근에서 짧은 조정이 나오고 이후 다시 상승하여 31,600원까지 올라간 것을 볼 수 있다. 이후 주가는 거래대금이 감소하며 1시간 이상 조정을 받게 되는데 11시 30분 지점에서 29,000원 지지 후 강한 반등을 한다. 바로 처음 조정을 받았던 29,000원 지점이 눌림 타점이 된다.

전체 비중은 10~20%, 매수는 1분당 한 번, 3~5번으로 나누어서 약 5분간 진행하도록 하자. 매수 후 재상승이 시작되면 2~3% 수익 시 절반을 차익하고 나머지는 오전 전고점까지 홀딩하여 수익을 극대화할 수 있다. 오전 전고점을 돌파하지 못하면 차익이고, 전고점까지 돌파한다면 추세가 크게 이어질 수 있으니 홀딩이다. 그런데 매수 후 10~20분 안에 강한 반등이 나오지 않고 주가가 변동 없이 옆으로 횡보하면 추가하락을 대비해야 한다. 이 경우 손절은 약 -2% ~ -3% 수준으로 잡고 대응하는 것을 권장한다.

오전 눌림매매 3 (전일 주도주)

전일(D-Day) 3,000억 원 이상의 거래대금을 동반하며 시장의 중심에서 급등한 종목은 다음날 조정을 받는다고 해도 쉽게 떨어지지 않는다. 특히 윗꼬리 짧은 장대양봉이나 상한가 마감한 종목은 다음날(D+1) 적극적으로 공략해볼 수 있다. 다음 차트를 보면 전일 오전 큰 상승 이후 종가까지 박스권을 그리며 마감했는데 다음날 보합에서 출발한 주가가 9시 20분까지 하락 후 급반등하는 것을 볼 수 있다. 바로 이 지점이 눌림매매 트레이더가 공략할 타점이다. 그렇다면 어느 자리에서 매수해야 확률이 높을까? 시간대는 약 9시 10분~9시 30분 그리고 눌림 타점은 전일 상승추세로 급등하는 종목이 눌리며 박스권을 형성한 매물대(동그라미로 표시한 자리)다. 이런 눌림 구간을 공략할 때에는 한 호가에 매수물량을 모두 걸어놓기보다 3~5호가로 분산해서 걸어놓는 것이 현명하다.

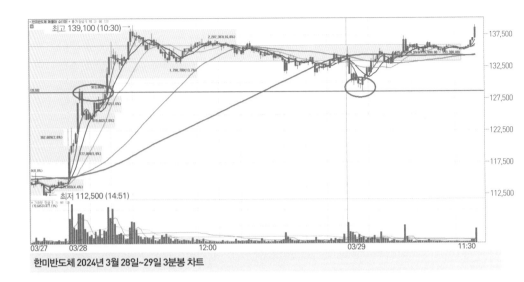

한미반도체 2024년 3월 28일~29일 3분봉 차트

전일 주도주 눌림매매는 시가가 보합에서 출발하거나 갭이 2% 내외로 뜬 경우만 해당한다. 만약 5~10% 이상 갭이 크게 뜨는 경우 이미 전일 보유자(메이저 세력)들이 고점에서 차익매물을 하루 종일 투하할 수 있어 눌림이 잘 통하지 않고, 마이너스로 출발하는 경우는 당일 시장에서 철저하게 소외되어 눌림에서 사도 반등이 잘 나오지 않는다.

 **비중관리 팁**

전체 자금의 비중은 전체 자금의 10% 내외가 적당하고 매수는 한두 번 1분 안에 짧게 하는 것이 좋다. 이 매매법은 매수 후 V자 반등이 바로 나와 주어야 한다. 만약 9시 30분이 지나도 반등이 나오지 않으면 예상대로 흘러가지 않는다고 판단하고 바로 매도로 대응을 해주어야 한다.

오전 눌림매매 4 (급등 D+N 매매)

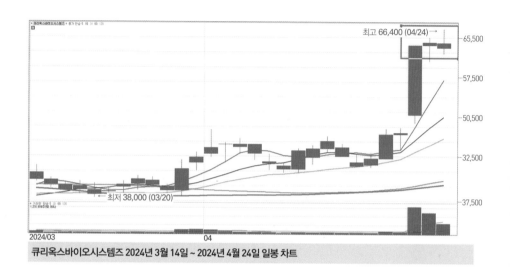

큐리옥스바이오시스템즈 2024년 3월 14일 ~ 2024년 4월 24일 일봉 차트

    큐리옥스바이오시스템즈는 4월 22일 대량거래량을 수반하며 상한가로 마감했지만 다음 거래일 갭상승은 거의 없었고, 이후 주가는 재매집하는 흐름을 보였다. 큰 메이저 자금이 들어온 디데이 이후 추가급등 없이 거래량이 줄며 재매집하는 흐름을 보이는 경우 특정구간에서 저가매수 움직임이 보이는데, 여기에서 확률 높은 매수 타점이 있다.

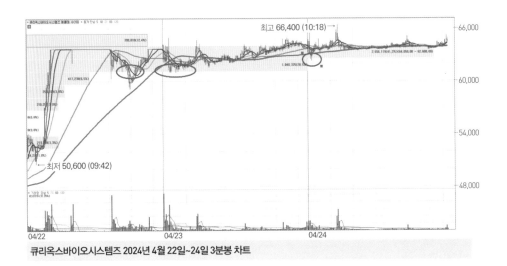

최고 66,400 (10:18) →

최저 50,600 (09:42)

큐리옥스바이오시스템즈 2024년 4월 22일~24일 3분봉 차트

위 차트를 보면 22일 결국 오후에 상한가로 마감했지만 다음날 (D+1) 급등 또는 갭이 뜨지 않고 옆으로 횡보하는 모습을 보인다. 이 흐름은 그 다음날(D+2)까지도 지속된다. 이런 흐름은 주가를 핸들링하는 메이저 수급이 차익실현을 하지 않고 재매집하는 것으로 해석할 수 있다. 윗꼬리 없는 상한가로 마감했다는 것은 세력들이 마지막까지 돈을 투입했다는 것인데 D+1일 추가급등이 나오지 않았다면 위에서 차익할 기회가 없었다는 것이다.

적게는 수십만 원 많으면 몇 억 원 정도를 투자하는 개인투자자들은 몇 호가에서 물량을 정리할 기회가 있지만, 상한가를 만들 정도의 물량을 투입한 메이저 세력은 최소 몇 십억 원, 몇 백억 원, 최대 몇 천억 원을 투입하기 때문에 대량 거래량 없이 자금을 빼기가 쉽지 않다. 추가급등 더 큰 추가급등을 시키지 않은 상황에서 그대로 몇 십억 원, 몇 백억 원 매도를 하면 받쳐주는 매수 물량이 없어

주가는 바로 급락할 것이고 그렇게 된다면 주가를 올린 메이저 세력들도 손해를 보기 때문이다. 그래서 상한가 또는 윗꼬리 없는 장대양봉이 출현한 이후에는 반드시 추가급등 또는 거래량이 붙어야 하는 것이다.

자, 그럼 세력들의 물량이 아직 나가지 않은 상황에서 재매집을 하려면 개인들 물량을 털기 위해서 위아래로 흔들 것이다. 이때 너무 큰 하락은 본인들의 평단가에도 문제가 있어 첫 상한가날 흔들었던 수준 정도로 움직이게 되는데, 이때가 바로 개인 트레이더들이 수익을 낼 수 있는 기회다. 앞의 차트에서 빨간색 원으로 표시한 자리들이 첫날 상한가 눌림 이후 D+1, D+2 거래일에 저점에서 매수할 수 있는 기회다. 보통 9시~9시 30분에 흔드는 경우가 많고 이후 주가가 매집 중이라면 오전 10시에는 다시 말아 올리는 흐름을 보인다. 만약 장 초반에 흔들 때 저가 매수를 했는데 10시 이후에도 반등 움직임이 없으면 하루 종일 밀릴 수 있기 때문에 손절로 대응해야 한다.

오후 눌림매매 1

시장 경험이 많은 트레이더일수록 트레이딩의 80%는 주로 오전에 이루어진다. 거래량이 감소하는 오후 시간은 오전보다 매매 난이도가 올라가기 때문에 종목에 대한 더욱 엄격한 기준이 요구되는데, 그 절대적 요소가 바로 거래대금이다. 오후 12시가 넘어가면 당일 시장의 거래대금 1위 종목이 거의 확정된다(오후에 엄청난 대형호재로 거래대금이 뒤늦게 터지는 종목도 있지만 이런 경우는 1년에 몇 번 안 되니 예외로 하자). 오후 눌림은 삼성전자와 SK하이닉스 등 초대형주를 제외하고 거래대금 1등주에서 해야 한다. 가뜩이나 오전보다 거래대금이 없는 시간대인데 2등주, 3등주를 눌림으로 접근하면 아무리 저점에서 잘 잡았다고 하더라도 후속 매수세가 들어오지 않아 더 빠지는 경우가 매우 많다. 따라서 오후 눌림은 반드시 오후에도 거래량이 살아 있는 1등주를 공략하고 오전 전고점 돌파를 목표로 하거

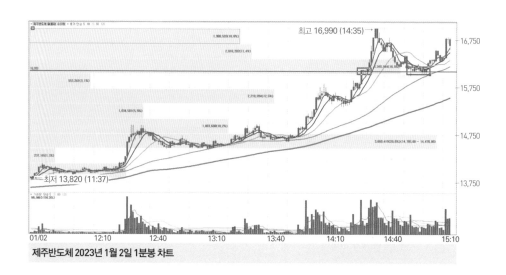

제주반도체 2023년 1월 2일 1분봉 차트

나 종가배팅으로 이어져 다음날 갭상승을 노리는 전략으로 하자.

해당 차트를 보면 오전부터 우상향 이후 2시 35분에 최고점을 찍고 하락했지만 2시 30분 눌림목 자리인 16,000에서 저점형성 후 다시 반등하는 것을 볼 수 있다. 해당일에 제주반도체는 시장 중심

거래대금 1위 종목으로 시장에 경험이 많은 단기 트레이더들이라면 반드시 이 종목을 보면서 저점매수를 노렸을 것이다. 그런 군중심리가 모여 저점에서 매수세를 이끌고 주가는 다시 반등을 하게 된다. 만약 비슷한 차트라도 시장 소외주라면 같은 자리에서 후속매수세가 들어오지 않아 주가는 반등 없이 하락했을 가능성이 높다.

비중관리 팁

떨어질 때 저점을 잡아 반등을 노리는 것이 눌림매매인데 오후 눌림 같은 경우 종목 선정을 잘못하면 예상보다 더 크게 하락할 수 있다. 따라서 강한 지지대라고 생각하는 자리에서 매수할 때 반드시 전체 비중에서 10% 이하의 비중으로 분할매수로 접근하자. 예상이 틀렸을 때 절대로 평단을 낮추기 위한 끝없는 물타기는 하면 안 된다.

오후 눌림매매 2

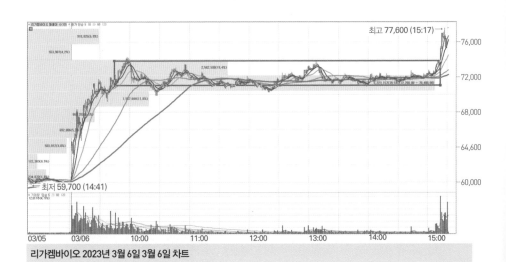

리가켐바이오 2023년 3월 6일 3월 6일 차트

위 차트는 오전 급등 후 오후 시간에도 주가의 큰 변동 없이 박스권을 그리는 경우다. 당연히 시장 대장주 중심주에서 많이 나오는 형태로 박스권 구간에서 메이저 수급의 매집이 이루어지고 매집이 끝나면 오후에 주가 급등으로 마감하는 경우가 많다. 오전에 강한 거래대금을 동반하며 급등 후 특정가격을 지켜주며 큰 변동 없이 횡보하는 흐름이 나오는 대장주의 경우, 매집이 끝난 후 급등하는 경우가 많으니 박스권 하단에서 분할매수를 통해 수익을 극대화하자.

 비중관리 팁

오전 급등 후 크게 눌리는 자리부터 분할매수로 접근하는 것이 좋다. 다만 오전에 너무 큰 비중으로 들어가버리면 오후에 흔들 때 심리에서 버티지 못하고 매도하는 경우가 많다. 따라서 최대 비중 10% 안에서 5~10번에 걸쳐 오후까지 분할매수한다는 관점으로 들어가자. 만약 오후에 추가급등이 안 나오면 종가에 상승하거나 다음날 시가부터 추가급등분이 나올 수도 있으니 분할매수를 할 때 종가나 시간 외에서까지 살 수 있다는 생각으로 철저하게 비중을 나눠서 매수해야 한다.

오후 눌림매매를 설명하며 두 차트를 예시로 들었다. 일봉상 공통점은 당연히 윗꼬리가 없다는 것이다. 오후에 오전보다 더 강한 상승이 나와서 오전 전고점을 돌파한다는 것은 윗꼬리가 없는 양봉이나 상한가를 간다는 뜻이다. 만약 오후에 매수를 했는데 반등이 없다면 오전 전고점이 당일 최고점이고 일봉은 윗꼬리가 달리는 형태가 될 것이다. 따라서 오후 눌림매매는 상한가를 예상하거나 오후에도 큰 힘이 실릴 수 있는 시장 1등주로 공략해야 한다.

눌림매매에서 체크해야 할 점

첫째, 오전 눌림매매는 당일 시가 또는 전일 종가 그리고 전일 박스권 매물대가 확률 높은 자리다. 따라서 매수 전 지지라인을 확인하고 어디서부터 분할매수를 시작할 것인지 그리고 예상이 틀렸을 때 어느 자리에서 손절할 것인지 먼저 생각하고 매수해야 한다 (예를 들어, 전일 종가를 지지할 것으로 보고 전일 종가 윗가격부터 잡아들어갔는데 전일 종가를 깨는 하락이 나오면, 그것은 새로운 하락추세의 시작일 수 있으니 반드시 손절해야 한다).

둘째, 첫 매수는 9시 10분~20분 이후가 적절하다. 장이 시작되자마자 1~2분 잠깐 급등하고 조정을 보이는 종목들이 있는데 그것을 눌림으로 생각하고 잡아 들어가면 절대 안 된다. 그런 종목은 하루 종일 음봉을 그리고 투자자들을 괴롭힐 수 있다. 눌림매매는 상승추세에 있는 종목이 순간적으로 조정을 받았을 때 매수하는 방법이지 하락추세에 있는 종목에서 바닥을 예상한 후 매수하는 것이 아니다. 따라서 해당 종목이 상승추세에 있는지 확실히 확인하기 위해 장 시작 후 최소 10분 이상 확신히 들지 않으면 20분 이상까지 지켜보다가 매수를 해야 한다.

셋째, 대장주가 바뀌는지 확인하자. 충분히 매수 종목을 지켜본 후 눌림자리에서 분할매수를 시작했는데 시장의 순환매가 빨라서 중간에 대장주나 섹터가 바뀌는 경우도 많다. 예를 들어, 반도체 주도주를 눌림으로 접근했는데 오후장에 바이오섹터에 호재가 나와 급등하는 경우다. 이렇게 갑작스럽게 대장주가 바뀌는 경우 아무리 좋은 종목이라도 시장의 돈이 다른 쪽으로 빠져나가 눌림매매에 실패할 수 있으니 항상 시장의 돈이 어느 쪽으로 흘러가는지 함께 확인하자.

넷째, 과거 차트를 통해 종목의 성향을 파악하자. 눌림매매가 정석대로 잘 통하는 종목도 있지만 장중에 엄청난 변동성을 주며 개인투자자들을 괴롭히는 종목도 매우 많다. 주로 스몰캡 테마주나 유튜브 증권방송 추천이 자주 나오는 종목이 이에 해당한다. 시가총액이 상대적으로 가벼운 종목이 언론에 노출되어 개인들 손을 너무 많이 타게 되면, 세력들이 개인들을 털어내기 위해 예상하지 못한 변동성을 주게 된다. 개인들이 손절할 때까지 비상식적으로 하락시킨 후 재급등시키기 등이 여기에 해당된다. 이런 종목 흐름은 세력 마음이라 사실 정형화시키기가 어렵다. 따라서 투자자 입장에서 이런 종목을 피하기 위해 거래대금이 1,000억 원 이상 크게 터지거나 시총이 최소 3,000억 원 이상 되는 종목을 매매해야 확률이 올라간다.

급등의 꽃 상한가 따라잡기

상한가 따라잡기의 원리

상하한가 제도가 없는 미국과 달리 국내 주식시장은 당일 최대 변동폭이 +-30%로 제한되어 있다. 상한가 따라잡기는 이 제도를 이용해 당일 오를 수 있는 최대폭까지 상승한 주식을 보유하여 다음날 갭상승 출발할 때 매도하는 매매법이다. 핵심은 다음날 갭상 승이라는 것을 잊지 말아야 한다. 만약 갭상승이 나오지 않으면 가장 위험한 매매라고 할 수 있는 상한가 따라잡기를 할 이유가 없다. 또한 상한가 따라잡기를 할 때 상한가에 안착하는 시간대가 빠르고 중간에 상이 안 풀릴수록 다음날 갭이 뜰 확률이 높다. 상한 가 터치 후 상이 풀리고 겨우겨우 오후에 상한가를 닫는 경우는 다음날 오히려 하락할 수 있으니 조심히 매매해야 한다. 이처럼 상한가 따라잡기는 리스크는 있지만 손절과 종목 선정만 잘 한다면 손익비가 굉장히 좋은 매매법으로 고수투자자들이 즐겨 사용한다.

뉴스 테마섹터 1등주 공략 상한가 따라잡기

AI인공지능 테마 섹터 급등, 유가 급등, 웹툰산업 지원에 따른 호재 등 시장에는 매일매일 호재가 넘쳐 난다. 보통 한 종목이 아닌 테마 섹터에 호재가 발생하면 같은 재료로 적게는 2~3개 많게는 10개가 넘는 종목들이 한 번에 급등하게 되는데 해당 섹터에서 강한 1등주가 20% 넘게 급등하면 2등주는 15%, 3등주는 10% 수준으로 상승한다. 여기서 1등주라고 하면 가장 상승률이 높은 종목을 말한다. 섹터대장 상한가 따라잡기는 해당 섹터에서 가장 상승률이 높은 종목을 매수하여 상한가에 도달할 때까지 보유하고 다음날 갭상승이 나오면 차익하는 전략이다. 안전하게 아직 덜 오른 2등주, 3등주를 매수해서 수익을 내는 짝꿍매매도 있지만 상한가 따라잡기매매는 가장 많이 상승한 1등주가 상한가에 들어가지 못

2024년 2월 16일 〈매일경제〉 기사

하고 고점에서 −2%만 밀려도 2등주, 3등주, 4등주는 이보다 더 큰 하락이 나오게 된다. 따라서 상승폭이 적고 하락폭이 큰 2~3등 주를 매매하기보다 1등주를 매매하는 것이 수익률 측면에서 유리하다.

기사내용과 연관 지어 테마 대장주를 찾는 연습을 많이 해야 한다. 위 기사를 보면 전공의 집단사직으로 의료대란이 일어날 것을 우려하고 있다. 이 당시 증시에서 주목한 섹터가 바로 원격의료 관련주다. 원격의료 테마주로는 케어랩스, 인성정보, 유비케어, 비트컴퓨터 등이 거론되었는데 종목별 흐름을 살펴보겠다.

케어랩스 2024년 2월 16일 3분봉 차트

위 차트를 보면 케어랩스는 10시 이후 해당 재료로 가장 먼저 상한가에 안착했다. 이후 12시 부근 상한가가 풀렸지만 다시 잠기는 모습이다. 케어랩스는 다음날 20%에 가까운 폭등이 나왔다.

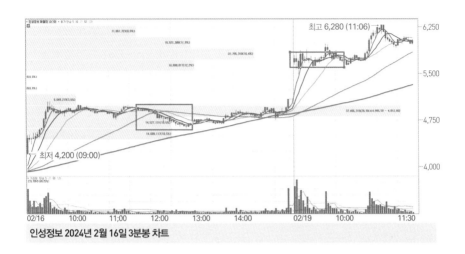

인성정보 2024년 2월 16일 3분봉 차트

당시 2등주였던 인성정보를 보면 상승하던 주가가 12시 이후 케어랩스의 상한가가 풀리면서 함께 하락하는 모습이 연출된다. 결국 종가는 상한가로 마감했지만 1등주가 무너지면 2등주는 더 많이 떨어진다는 것을 알 수 있다. 인성정보의 경우 다음날 갭이 11.59% 발생했다.

유비케어 2024년 2월 16일 3분봉 차트

유비케어는 3등주로 12시 이후 1~2등주가 밀리면서 더 큰 하락을 보였다. 다음날 시가는 9.84% 발생했다. 이 사례에서 볼 수 있듯이 사회적으로 큰 이슈가 발생하면 주식시장에서 테마주가 먼저 반응을 하게 되는데, 이때는 기술적인 영역보다 재료의 크기를 파악하는 것이 굉장히 중요하다. 해당 테마주에 어떤 것들이 있는지 미리 파악하고 그 안에서 상승률이 가장 높은 종목을 찾아서 공략하는 것이 성공확률을 높일 수 있는 길이다.

이슈에 따른 테마주를 찾는 방법으로는 HTS 안에 기사 내용관련주를 찾아보거나 포탈사이트에 원격의료 테마주 관련주를 검색하면 비교적 자세히 나와 있다. 이 매매의 경우 1등주를 찾는 것이 매우 중요하며, 이평선 1분봉 캔들 보조지표 등 기술적 분석은 큰 의미가 없다. 2~3등주를 기술적으로 완벽한 자리라고 판단해서 매수해도, 1등주가 상승하다 하락세로 돌아서면 별 수 없이 2~3등주는 함께 하락하게 된다. 따라서 호가창과 기술적 분석을 활용하여 상한가 따라잡기를 할 때는 반드시 1등주에 적용해야 한다.

2024년 2월 19일 〈매일경제〉 기사

다음 사례를 보겠다. 네이버 자회사 네이버웹툰이 올해 6월에 상장한다는 기사다. 그 당시 웹툰관련주로는 와이랩, 엔비티, 핑거 스토리, 미스터블루가 있었다. 종목별로 흐름을 보자.

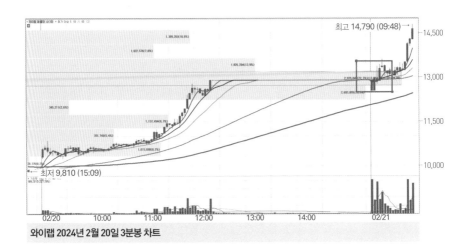

와이랩 2024년 2월 20일 3분봉 차트

위 차트는 당시 기사가 나오며 1등주로 가장 먼저 급등했던 와이랩이다. 12시 부근에 상한가에 들어갔지만 다음날 갭이 거의 뜨지 않고 시작 이후 보합에서 14%까지 급등이 나왔다. 급등 이후 눌림은 다른 섹터에서 설명했으니 참고하고 지금은 상한가 이후 흐름만 보자. 자, 1등주가 다음날 갭이 뜨지 않았다면 2~3등주는 어떻게 되었을까?

최고 3,190 (12:27)

최저 2,660 (15:33)

미스터블루 2024년 2월 20일 3분봉 차트

해당 기사에 2등주로 분류되었던 미스터블루는 12시 최고점을 찍고 오후 내내 지지부진한 모습으로 종가는 11%로 마감했고, 다음날은 갭상승 없이 −4%까지 빠지며 하락했다.

최고 4,390 (10:30)

최저 3,790 (14:36)

2024년 2월 20일 핑거스토리 3분봉 차트

3등주로 분류된 핑거스토리는 장중 11%까지 올라갔으나 종가가 1.14%로 마감되었고, 다음날 −4%까지 빠지는 흐름을 보였다. 이처럼 해당 테마에서 1등주가 상한가에 들어갔다고 2~3등주를 뒤늦게 매수하면, 1등주가 갭이 뜨지 않을 경우 2~3등주는 더 크게 하락한다는 것을 명심하자. 1등주 중심으로 매매하는 것이 중요하다.

상한가 후 갭이 뜨는 종목 특징

시장에서 파급력이 강한 재료가 나오고 투자자들의 강한 매수세로 상한가에 들어가는 종목은 기술적 분석보다 재료의 크기를 파악하는 것이 무엇보다 중요하다. 하지만 당일 특별한 뉴스 없이 수급만으로 상한가를 가고 이후 뉴스가 나오는 경우도 굉장히 많기 때문에 단기매매자들은 이에 대한 이해가 필요하다.

앞서 언급했지만 강력한 뉴스에 의한 상한가가 아닌 경우 대부분 상한가를 만드는 주체는 세력(기관, 외국인, 사모펀드, 부띠끄 등)으로 볼 수 있다. 상한가를 닫으려면 당일 최고가까지 돈을 투입해야 한다는 뜻인데 확실한 뉴스가 나오지 않은 종목을 개인투자자들 다수가 담합해서 돈을 투입하고 상한가를 잠그는 것은 현실적으로 불가능하다. 따라서 우리는 세력의 입장에서 생각해야 상한가 따라잡기도 능숙하게 할 수 있다.

일단 세력이 상한가를 보내는 이유는 다음날 갭상승이 목적이다. 거래량을 동반한 갭상승을 만들어야 전일 매집했던 물량을 모두 차익할 수 있기 때문이다. 그런데 상한가 당일 개인투자자들이 너무 많이 들어온다면 세력 입장에서도 계획에 차질이 생긴다. 그렇기 때문에 상한가를 들어가고 다음날 갭이 크게 뜨는 종목은 상한가 당일 장중 흔들기를 크게 하거나 개미들이 타지 못하게 아주 빠르게 상한가를 닫는 경우다. 만약 그렇게 했는데도 개인투자자 물량이 많이 들어오며 장중 의도적으로 상한가를 푸는 경우도 있다. 이런 이유로 상한가를 닫는 시간대는 장 시작 후 최대한 빠를수록 좋다.

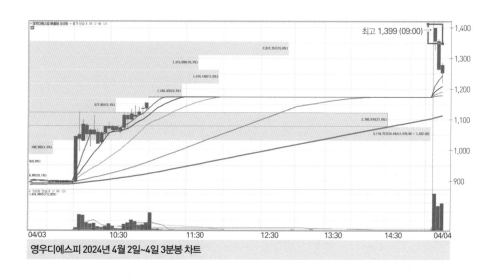

영우디에스피 2024년 4월 2일~4일 3분봉 차트

위 영우디에스피 차트를 보면 10시에 시작된 시세가 한 시간 만에 상한가를 닫았다. 눌림을 기다렸던 투자자나 종목을 미처 발견하지 못한 투자자들이 추격매수를 하기 굉장히 어려운 상황이다. 이런 종목들의 경우 상한가도 중간에 안 풀리고 다음날 갭도 크게 뜬다. 영우디에스피는 다음날 갭이 19% 이상 나왔다.

최고 25,250 (09:24) →

최저 18,010 (14:42)

중앙에너비스 2024년 4월 4일~5일 3분봉 차트

　위 차트를 보면 12시에 상한가를 닫은 이후 1시 30분 이후 상한
가가 풀렸다가 다시 2시 30분 이후 상한가를 힘겹게 닫고 있다. 이
렇게 상한가 근처에서 크게 흔드는 경우가 아닌 겨우겨우 상한가를
닫는 모습을 보여준다면 다음날 갭이 뜰 확률이 낮아진다. 이런 종
목은 개인투자자들도 쉽게 상한가 따라잡기에 도전할 수 있어 세력
입장에서 그만큼 불확실성 매물이 늘어나는 것이다. 다시 한 번 말
하지만 초보들도 쉽게 상따(상한가 따라잡기의 줄임말)에 참여할 수 있는
종목은 그만큼 성공확률이 낮아지게 된다.

　기본적으로 상한가에 안착하는 종목들은 당일 전체 거래량이
많으면 많을수록 안 좋다. 세력(섹터 대형 주도주는 제외)이 컨트롤하는
종목에 손바꿈이 많이 일어난다는 것은 불확실성 매물이 많이 들
어왔다는 뜻이라, 세력들도 상한가 계획을 바꿀 수 있기 때문이다.
다만 상한가를 들어갈 때 분봉 거래량은 굉장히 중요하다.

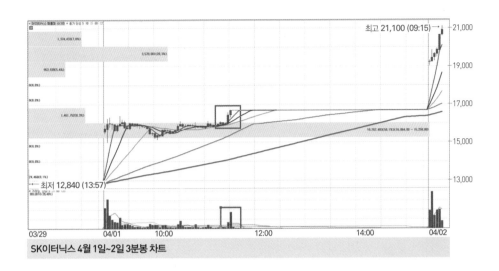

최고 21,100 (09:15)

최저 12,840 (13:57)

SK이터닉스 4월 1일~2일 3분봉 차트

위 차트에서 상한가에 들어갈 때 88만 주의 거래량이 터진 것을 볼 수 있다. 주당 16,500원으로 계산하면 3분 만에 약 140억원의 거래대금이 터진 것이다. 갑자기 개인투자자들이 텔레파시로 몇 천, 몇 만 명이 모여서 일시에 사는 것은 불가능하다. 따라서 이런 경우는 세력들이 상한가를 보내기 위해 의도적으로 만든 거래량이라고 볼 수 있다. 이렇게 상한가를 닫을 때 큰 순간 큰 거래량이 터지는 종목은 다음날 갭도 크게 뜨고 중간에 상한가도 잘 안 풀린다.

SK이터닉스							
VI 기준가	15,560	VI 상승가					
시장	코드	등락	등락률	회전율		전일비	전일
■코스피	475150	+3,850	+29.98%	44.83%		2,539.50%	11,007,713
						시가	15,560
						고가	16,690
						저가	15,010
						현재가	16,690
						상한가	16,690
						하한가	8,990
						기준가	12,840
						거래량	11,458,942
						거래대금	181,553
						체결강도	108.68%
11:32:59	16,690	1	16,690	+29.98%		1,452,152	661
11:32:59	16,690	13	16,680	+29.91%		16	
11:32:59	16,690	1	16,670	+29.83%		15	
11:32:59	16,690	140	16,660	+29.75%		19	
11:32:59	16,690	100	16,650	+29.67%		360	
11:32:59	16,690	109	16,640	+29.60%		312	
11:32:59	16,690	27	16,630	+29.52%		18	
11:32:59	16,690	1	16,620	+29.44%		109	
11:32:59	16,690	1	16,610	+29.36%		36	
11:32:59	16,690	160	16,600	+29.28%		94	
			11:33:00			1,453,131	+661

SK이터닉스 2024년 4월 1일 호가창

　위 호가창을 보면 SK이터닉스는 상한가 직후 145만 주의 상한가 잔량이 쌓여 있다. 금액으로 240억 원이 넘는다. 상한가가 풀리기 위해서는 누군가 240억 원 이상 매도물량을 던져야 한다는 의미다. 상한가 직전 거래량은 개인투자자들의 의도한 것이 아닌 세력의 매수로 인한 것이기에 이 종목은 세력들의 의도적인 매도가 아니라면 상한가가 풀리기 어렵다.

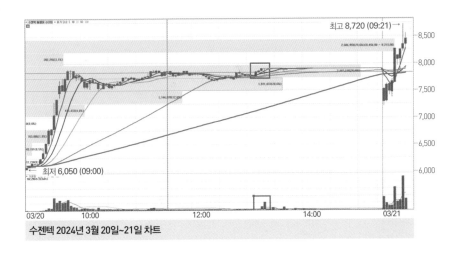

최고 8,720 (09:21) →

2.686.808(29,69,503,458,98 = 8,713,80)

최저 6,050 (09:00)

03/20 10:00 12:00 14:00 03/21

수젠텍 2024년 3월 20일~21일 차트

위 수젠텍 차트를 보면 오전에 터진 거래량보다 낮은 거래대금
을 보이며 상한가에 들어갔다. 3분봉상 20억 원 수준의 손바뀜이다.

수젠텍						
VI 기준가	7,450	VI 상승가				
시장	코드	등락	등락률	회전율	전일비	전일
■ 코스닥	253840	+1,820	+29.93%	29.05%	15,985.71%	4,827,509
					시가	6,050
					고가	7,900
					저가	6,050
					현재가	7,900
					상한가	7,900
					하한가	4,260
					기준가	6,080
					거래량	4,857,898
					거래대금	36,817
					체결강도	100.25%
13:33:57	7,900	9	7,900	+29.93%	148,182	130
13:33:57	7,900	449	7,890	+29.77%	519	
13:33:50	7,900	5	7,880	+29.61%	267	
13:33:42	7,900	50	7,870	+29.44%	114	
13:33:41	7,900	100	7,860	+29.28%	151	
13:33:37	7,900	133	7,850	+29.11%	769	
13:33:24	7,900	50	7,840	+28.95%	619	
13:33:20	7,900	15	7,830	+28.78%	2,643	
13:33:14	7,900	2	7,820	+28.62%	3,151	
13:33:14	7,900	5	7,810	+28.45%	2,431	
			13:34:08		158,846	+130

수젠텍 2024년 3월 20일 호가창

위 호가창 상한가 잔량을 보더라도 14만 8,000주 금액으로 11억 7,000만 원 정도로 상한가를 유지하기에는 힘이 굉장히 약하다는 것을 알 수 있다. 결국 이 종목은 다음날 갭상승이 아닌 갭하락 출발로 상한가 따라잡기를 한 투자자들에게 손실을 주었다.

그럼 이런 의문이 들 수 있다. 상한가 잔량은 어느 정도 수준이 적당할까? 주식은 생물이고 경우의 수가 너무 많아 정형화하긴 힘들지만 시총 2,000억 미만인 경우 상잔량이 최소 30억~40억 원 수준이면 적절하다고 본다. 시총대비로 20% 이상이다. 상잔량이 많을수록 상한가에서도 매수할 사람이 많다는 의미로 해석할 수 있기 때문에 많으면 많을수록 좋다고 본다.

상잔량이 적은 상황에서 다음날 갭이 크게 뜨는 경우는 개인들에게 불안감을 주어 추가매수를 하지 못하게 하는 세력의 의도거나 장마감 이후 추가재료가 나오면서 새롭게 수급이 붙는 경우다. 이런 경우는 10번의 상한가 중 한두 번 정도 발생하기 때문에 확률상 성공하기 어렵다.

상한가 따라잡기 이후 대응방법

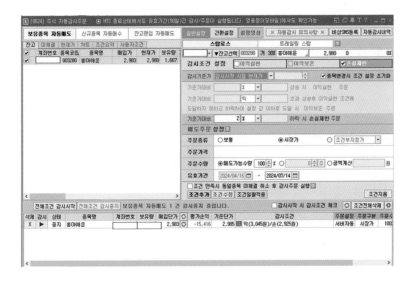

　내가 매수한 종목이 오전에 상한가에 들어가면 장마감 때까지 상한가가 풀릴까 봐 전전긍긍할 필요가 없다. 바로 주식 자동감시 주문을 이용하면 된다. 20% 수준에서 매수한 주식이 29.9% 상한가에 들어가게 되면 내 수익률은 9.9%가 된다. 이때 상한가 풀릴 것을 대비하려면 손실제한을 클릭한 후 감시기준가, 즉 현재가(상한가) 기준가 대비 2~3%로 설정하고 매도주문은 보통가가 아닌 시장가로 설정해놓자.

　그리고 조건추가 후 감시시작을 누르게 되면 내가 실시간으로 보고 있지 않아도 상한가 기준으로 -2~3%가 하락하게 되면, 자동적으로 시장가 매도가 된다. 상한가가 풀리면 투매가 나올 수 있으니 반드시 실시간 모니터링을 하거나 자동감시주문을 설정하자.

물론 상한가가 풀리고 다시 닫는 경우, 즉 흔들기를 하는 종목도 있다. 그러나 그때는 상한가를 닫을 때 다시 사면 된다. 상한가가 풀리고 물량이 쏟아지며 하락이 나오는 상황에서 이것은 세력들이 개인들을 털기 위해 흔들기를 하는 것이니 '곧 다시 상한가를 닫을 거야'라고 생각하며 매도하지 않고 버티는 것은 결국 큰 손실로 이어질 수 있다. 주식할 때 가장 경계해야 되는 것은 내 스스로 소설을 쓰는 것이다. 혼자 망상에 빠지면 눈에 보이는 것을 망각하고 헛된 희망만 갖게 되어 결국 큰 손실로 이어진다. 주식시장은 피그말리온 효과가 통하지 않는다.

 비중관리 팁

상한가 따라잡기는 서너 번 손절을 해도 1번의 성공이 더 큰 수익으로 돌아오는 대표적인 손익비 좋은 매매법이다. 단, 좋은 손익비를 맞추기 위해서는 손절을 확실히 해야 한다. 상한가가 거의 닫힐 때 사기 때문에 28~29%에서도 매수를 해야 하는데 방향이 틀렸다면 즉시 -1~-2%안에서 손절을 해줘야 한다. 만약 하지 않고 버틴다면 최고가에 물려서 굉장히 고통스러운 시간을 보낼 수 있다. 따라서 비중은 5~10% 내외로 접근하는 것이 좋다. 우리는 기계가 아니기 때문에 비중이 커지면 커질수록 심리가 안 좋아진다. 상한가 따라잡기는 엄청난 변동성을 이기고 거의 상한가 근처에 매수를 하는 위험한 매매법인데 비중이 크게 들어가면 작은 흔들림에도 매도를 해서 수익을 놓치게 되고, 반대로 떨어지게 되면 본전 생각이 계속 나서 손절을 주저하게 된다. 따라서 상한가 따라잡기는 절대 큰 비중으로 하면 안 된다.

3부

종가배팅과
단기스윙매매

주도주 종가배팅 매매타점

'주도주 종가배팅 매매타점'은 종가배팅을 전문으로 하는 트레이더들이 비중배팅으로 가장 많이 사용하는 매매법이다. 당일 시장에서 최상위 거래대금을 수반하며 주도주급으로 주목받는 1등주가 그 대상이 되며, 즉 당일 거래대금으로 전고점 매물을 장중 내내 소화하는 종목이다. 이때 외국인 기관의 양매수는 다음 날 갭상승 확률을 높여준다. 장 초반 시장거래대금 최상위 종목을 찾고 장중에 다음 거래일 갭상승을 위한 횡보구간이 나오는지 끝까지 확인하고 종가 부근에서 매수하는 것이 핵심 포인트다.

> 매일경제 PiCK · 2024.03.07. · 네이버뉴스
> "우리 국민 건강 데이터 손대지 마"…이번엔 **바이오** 싸움 나선 …
> 그러나 상원이 하원에 이어 비슷한 법안을 의결함에 따라 **미국**의 **중국 바이오**기업 제재 가능성은 더 커진 것으로 보인다. **바이오**의약품 위탁생산 업체인… 값싼 **중국 전기차**와 커넥티드카(스마트카)의 **미국** 판매량이 급…
>
> 매일경제 · A10면 TOP · 2024.03.07. · 네이버뉴스
> 中에 무역장벽 높이는 美 … 이번엔 **바이오** 정조준
> 일본 투자은행인 노무라인터내셔널의 장자린 **중국** 헬스케어 연구 책임자는 "**중국 바이오** 기업에 **미국**은 매우 중요한 시장"이라며 "국토위의 결정은 중국… 값싼 **중국 전기차**와 커넥티드카(스마트카)의 **미국** 판매량이 급…

3월 8일 미국의 바이오규제 〈매일경제〉 기사

앞의 기사를 보면 미국이 중국의 바이오산업을 규제한다는 내용이다. 네이버 메인에 매일경제를 비롯하여 메이저 언론에서 앞다투어 다뤘다. 이 내용으로 국내 바이오회사들이 주목을 받았는데 대표적으로 바이넥스를 들 수 있다.

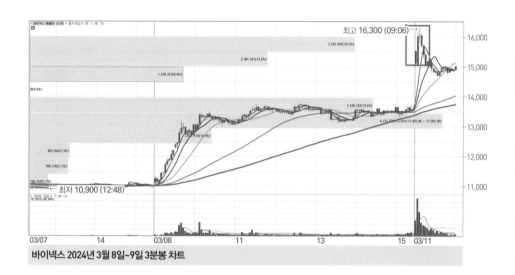

바이넥스 2024년 3월 8일~9일 3분봉 차트

위 차트를 보면 재료가 터지고 주가가 오전에 한 시간 정도 급등했다. 이후 10시부터는 추가 상승 없이 박스권(파란색으로 표시)을 그리며 옆으로 횡보하는 모습을 볼 수 있는데 이것은 1차 급등 후 다시 2차 급등을 위한 매집과정이라고 생각하면 된다.

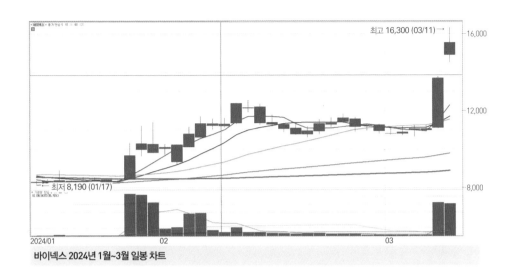

바이넥스 2024년 1월~3월 일봉 차트

일봉으로 확인하면 오전에 급등을 하며 일봉상 전고점 매물대를 돌파하고 종가는 거의 윗꼬리가 없는 장대양봉을 만들어냈다. 여기서 윗꼬리가 없는 장대양봉은 당일에도 이 종목에 물린 사람이 없다는 뜻으로 해석하면 된다(최고가 마감).

기간	24/03/18	~	24/07/18	누적순매수	-7,347	-16,293	+24,985
일자	현재가	전일비		거래량	개인	외국인	기관계
24/03/11	14,900	▲	1,210	10,198,543	+6,177	-4,924	-1,257
24/03/08	13,690	▲	2,720	10,650,283	-4,950	+4,288	+1,085
24/03/07	10,970	▼	80	314,803	+448	-696	+239
24/03/06	11,050	▲	170	325,080	-903	+533	+373
24/03/05	10,880	▲	70	395,827	+734	-579	-113

바이넥스 2024년 3월 8일 기관 외국인 수급

당일 수급을 보면 기관과 외국인이 모두 양매수했다. 즉, 급등 후 횡보 구간에서 개인 매도 물량을 기관 및 외국인이 모두 가져 갔다는 뜻으로, 메이저 수급이 수익을 내려면 다음날 지금 가격보다 더 큰 상승을 보여줘야 한다는 의미로 해석하면 된다. 재료 발생 종가배팅의 핵심은 전고점을 돌파한 윗꼬리 없는 장대양봉과 장중 종가 부근에서 슈팅이 나오는 것이 아닌 횡보 매집의 형태가 분봉으로 나와야 한다는 것이다.

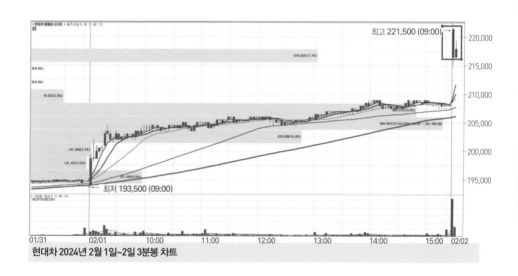

현대차 2024년 2월 1일~2일 3분봉 차트

당일 주도주급으로 대량 거래량을 터트린 후 다음날 갭상승 급등이 나오는 패턴은 시장에서 어느 정도 정형화되어 있다고 본다. 위 현대차 패턴도 바이넥스와 같은데 분봉을 보면 장 초반 급등 후 하루 종일 추가급등 없이 저점을 조금씩 높이며 박스권 흐름을 보인다. 종가는 당일 최고가보다 살짝 낮은 자리에서 마감이 되었고 다음날 큰 갭상승을 하였다. 장 마지막에 기관 및 외국인의 차익을 위한 슈팅이 나오지 않는 것이 핵심이다.

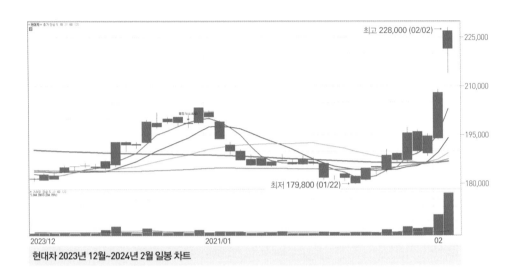

현대차 2023년 12월~2024년 2월 일봉 차트

일봉을 보면 전고점을 돌파하는 윗꼬리가 짧은 양봉이 나왔다. 전고점을 돌파했다는 것은 직전 고점에 물린 개인투자자들을 모두 탈출시켰다는 것으로 개인투자자들이 던지는 매물을 모두 받았다는 뜻이다. 이렇게 매물 소화 과정이 필요하기에 분봉상 장중 박스권이 형성되는 것이다. 현대차도 밸류업 프로그램 최대 수혜주라는 확실한 재료와 일봉상 전고점 돌파와 분봉상 장 초반 급등 후 박스권 매집이 있었기에 다음날(D+1) 큰 갭상승이 가능했다. 이런 패턴의 갭상승은 국내에서 가장 시총이 큰 삼성전자의 경우도 예외는 아니다.

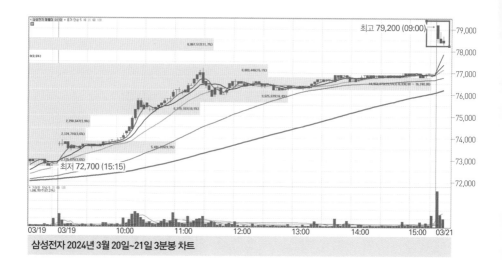

삼성전자 2024년 3월 20일~21일 3분봉 차트

    삼성전자도 당일 4조 원 가까운 역대급 거래량을 터트리며 장 초반 급등 후 11시 넘어서 종가까지 다음날 추가 갭상승 급등을 위한 매집이 진행되었다. 그리고 다음날 2.99%의 시가 갭을 띄웠다. 당시 재료는 엔비디아 납품을 위한 HBM테스트였다.

 **비중관리 팁**

이런 패턴에서는 3시 19분까지 주가를 보다가 장 마감 1분 전부터 전체 자금의 20% 전후로 매수하는 것이 좋다. 만약 조금 더 확실히 보고 매수하고 싶다면 장 마감 동시호가에 매수해도 된다. 동시호가 매수는 시장가로 매수해놓으면 종가에 모두 체결된다. 당일 최상위 거래대금 종목이기 때문에 자금이 큰 트레이더들도 분할매수를 할 필요가 없다. 보통 1~2억 원 정도는 한 호가에서 모두 소화된다. 이후 4시부터 시작되는 시간 외 단일가에서 추가 상승흐름이 나오면 다음날 갭상승 확률이 훨씬 더 높아지기 때문 전체 자금의 10~20% 정도 불타기로 비중을 더 실을 수도 있다.

급등(상한가) D+1 매매

'급등(상한가) D+1 매매'는 전일 상한가 또는 시장 주도주로 모든 투자자의 관심을 받은 종목을 다음 거래일(D+1)에 재매집 흐름이 확인되면 종가배팅하는 방법이다. 당일 엄청난 거래대금으로 전고점을 돌파하며 급등을 보인 종목은 다음날(D+2) 한 번 쉬어가며 재매집하고 나면 이후 추가상승이 나올 확률이 높아진다.

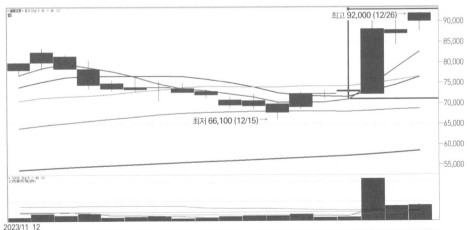

알테오젠 2023년 11월 30일~12월26일 일봉 차트

앞의 차트를 보면 알테오젠은 전고점 매물을 소화하는 25% 첫 급등(D-DAY)이 나오고 다음날(D+1) 재매집 이후 추가상승하는 것을 볼 수 있다. 일봉으로 종목을 선정할 때 이렇게 첫 급등 시 전고점 매물을 소화하며 신고가를 가는 종목을 선택해야 한다. 전고점 매물을 소화하는 첫 급등이 나왔다는 의미는 기관 및 외국인 세력들이 돈을 투입해서 전고점에 물려 있던 개인투자자들을 모두 탈출시켜 주었다는 의미다. 상식적으로 생각했을 때 그들은 자선사업가가 아니다. 즉, 전고점 매물을 소화했다는 것은 더 큰 상승을 통해 그들이 큰 이익을 내기 위한 사전 작업으로 해석해야 된다.

기간 24/06/18	~24/07/18		누적순매수	-26,178	+37,320	-18,515
일자	현재가	전일비	거래량 ▼	개인	외국인	기관계
23/12/28	98,500 ▲	1,900	1,564,075	-13,509	+14,043	-2,087
23/12/27	96,600 ▲	4,700	2,931,296	+22,885	+7,068	+3,302
23/12/26	91,900 ▲	4,000	2,375,887	-17,337	+11,326	+10,728
23/12/22	87,900 ▼	200	2,258,097	-10,500	+8,003	+2,996
23/12/21	88,100 ▲	15,300	6,489,387	-42,161	+40,024	+4,016
23/12/20	72,800 ▲	500	579,120	-1,786	-3,963	+5,814

급등 이후 횡보구간(12월 22일)에서 주가는 약보합이지만 외국인 및 기관의 양매수는 급등을 만들었던 주도수급이 다음날 빠져나가지 않고 추가매수를 했다는 의미로 이후 추가급등에 대한 확률을 높여준다.

알테오젠 2023년 12월 21일~26일 5분봉 차트

  5분봉으로 자세히 보면 첫째날(21일) 엄청난 거래대금을 동반
하고 큰 상승이 나온 이후, 둘째날 추가상승 없이 옆으로 횡보하
는 것을 볼 수 있다. 일봉으로는 잘 보이지 않지만 분봉으로 자세
히 보면 첫째날 오후에 눌렀던 자리를 둘째날 횡보 시 두 번이나
지지하는 것이 확인된다. 이것이 주가를 관리하는 메이저 수급이
추가상승을 위해 매집하고 있다고 판단할 수 있는 근거가 된다.
이후 주가는 D+2일 4% 이상 상승하며 강한 모습을 보였다. 급
등(메이저 수급 입성) → 횡보(추가급등을 위한 재매집) → 재급등(차익실현 물량 소
화), 이 패턴이 당일 한 번에 나오면 당일 돌파 눌림이 되고 며칠
에 걸쳐 나오게 되면 종가배팅 단기스윙이 되는 것이다.

제룡전기 2023년 9월 27일~2024년 3월 6일 일봉 차트

　　제룡전기도 3월 4일 역대급 거래대금을 동반한 급등(상한가)을 통해 약 6개월 동안 조정받던 주가를 신고가로 완전히 돌려놓았다. 이때 수급 주체를 보자.

033100		제룡전기	2024/07/18	●금액 ○수량 ○추정평균가		●순매수 ○매수 ○매도		●현주 ○단주		●전일비 ○등락률		투자자안내	단위:백만원, 주수		조회	다음	차트
기간 24/06/18 ~24/07/18		누적순매수		-66,167	+15,855	+42,576	+5,341	+2,422	+11,861	-372	+567	+15,873	+5,944		-3,097	-168
일자	현재가	전일비	거래량	개인	외국인	기관계	금융투자	보험	투신	기타금융	은행	연기금등	사모펀드	국가	기타법인	내외국인
24/03/18	33,900 ▲	1,450	1,461,630	-1,333	-419	+1,660	-94		+427		+98		+1,219		+153	-62
24/03/15	32,450 ▼	50	1,013,019	-506	+545	+73	-5		+154				-76		-120	+8
24/03/14	32,500 ▲	1,000	3,562,339	+9,357	-6,982	-1,666	+231		-523		+125	+18	-1,520		-667	-42
24/03/13	31,500 ▲	500	1,375,028	-559	+700	-78	-283		-335		+63	+173	+303		-99	+37
24/03/12	31,000 ▼	200	898,553	+2,312	-449	-1,722	+257		-916			-48	-1,015		-154	+13
24/03/11	31,200 ▲	1,350	1,345,507	+7,196	-3,454	-3,908	-94		-1,220				-2,396		+55	+18
24/03/08	32,550 ▲	3,200	3,911,304	-3,054	+9,486	-299	-212		+115		-318	+115			-188	+55
24/03/07	29,350 ▼	1,350	1,041,525	+104	+181	-609	+69		-53		-399	+154	-380		+230	+94
24/03/06	30,700 ▲	3,400	7,851,418	-4,982	-285	+5,725	+207		+764			+82	+4,651		-413	-43
24/03/05	27,300 ▲	100	2,574,584	+3,826	-6,108	+2,384	-68		+99				+2,352		-113	+9
24/03/04	27,200 ↑	6,250	5,746,788	-16,421	+12,705	+3,917	-163	-32	+1,173			-208	+3,176		-190	-10
24/02/29	20,950 ▲	0	127,138	+161	-393	+228	-1	-5	+51				+183		-1	+4
24/02/28	20,950 ▼	950	293,368	+562	-126	-220	-20		-107			-111	+18		-210	-5
24/02/27	21,500 ▼	900	229,888	+276	-665	+298	+76		-1		+66		+159		+87	+2
24/02/26	22,400 ▲	300	445,915	-1,019	+576	+77	-72		-223				+372		+334	+32
24/02/23	22,100 ▲	300	212,598	-676	+519	+211	-87		+16				+281		-59	+5
24/02/22	21,800 ▲	250	156,165	-330	+255	+29	+80		-1				-56		+36	+17
24/02/21	21,550 ▼	100	207,548	-119	+137	-70	+66		+25				-161		+36	+17
24/02/20	21,650 ▲	1,250	364,551	-3,133	+2,494	+604	-49		+181				+473		+46	-11
24/02/19	20,400 ▼	300	145,700	+306	-94	-367	-26		-313		-10		-18		+66	+4

3월 4일 기관 및 외국인 양매수를 통한 급등이 나오고 3월 5일 횡보구간에서 외국인은 매수금액의 절반을 매도했다. 이때 기관은 추가매수를 하는 것을 볼 수 있는데 기관 매수의 주체는 사모펀드다. 즉, 급등을 만들었던 주요 세력이 사모펀드이고 그들이 급등 이후에도 꾸준히 사모으는 것을 볼 수 있다. 급등을 만든 메이저 세력의 수급 연속성 그리고 주가 매집이 추가급등의 단서다. 꼭 기억하자.

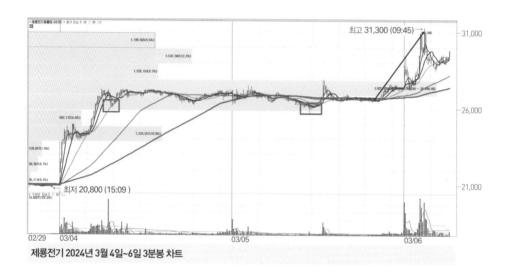

제룡전기 2024년 3월 4일~6일 3분봉 차트

3월 4일 오전 1차 급등 이후 오후에 이어 다음날까지 물량을 소화하며 횡보하는 모습. 장중 빨간 박스권 하단에서 주가가 한번 미끄러지는데 이때도 급등 당일 오후 눌림자리에서 지지하는 것을 볼 수 있다. 재매집 과정에서 이런 특정가격의 지지형태를 보인다면 급등을 만들어낸 메이저 수급이 주가가 빠질 때마다 돈을 투입해서 해당 가격을 방어해준다고 해석할 수 있다. 이것은 다음 급등을 위한 준비과정으로 해석해야 한다. D-Day에 급등을 시킨 수급 주체가 기관 및 외국인이라면 D+1일에 메이저 수급이 빠져나가는지 확인을 해야 하는데 이때 활용할 수 있는 창으로는 장중투자자별 매매차트 등이 있다.

 **비중관리 팁**

D+1 종가배팅 매매는 D-DAY 급등 시 특정가격에 눌림이 발생하면 D+1에 그 눌림을 찾아 종가배팅을 하는 매매법이다. 급등 → 횡보 → 급등이 3일 동안 이루어진다고 보면 된다. 눌림매수를 할 때 한 호가에 모든 금액을 다 걸어놓으면 체결이 안 되고 그대로 올라가버리거나 반대로 체결되고 추가하락을 할 수도 있기 때문에 눌림 타점이라고 생각하는 호가에 위아래 플러스(+) 마이너스(-) 5호가 정도로 자금을 분산시켜 매수를 걸어놓을 필요가 있다. 매수 접근 시 간대는 2시 30분 이후가 좋다. 만약 지수가 오후에 계속 하락하고 있는 상황이라면 3시 이후 또는 종가에 매수하는 것도 추천한다. 또한 매수 후 3% 이상 상승을 동반한 작은 슈팅이 나오면 이것은 시간 외 상승분이 오후에 반영된 것일 수도 있으므로 최소 절반 이상은 차익을 하여 현금을 확보하는 것이 좋다.

주도주 눌림 종가배팅 타점

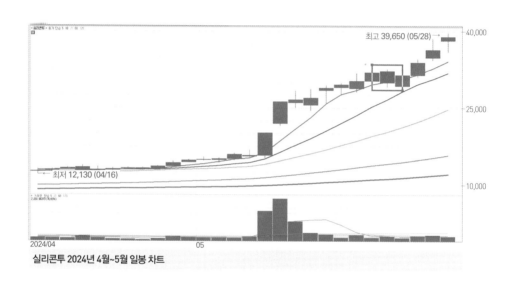

실리콘투 2024년 4월~5월 일봉 차트

'주도주 눌림 종가배팅 타점'은 급등 이후 추세 우상향하는 종목의 음봉을 종가배팅하는 방법이다. 이때 중요한 것은 음봉 캔들이 발생한 날 거래량이 없어야 한다는 것이다. 만약 최고점에서 강한 거래량이 터지는 음봉이 나왔다면 이것은 눌림이 아니라 추세 전환으로 봐야 한다. 그러나 거래량 없이 조정을 보인다는 것은 물량을 쥐고 있는 메이저 수급은 이탈하지 않고 개인들

투매만 유도할 수 있다는 뜻이다. 따라서 이때 5일선 또는 10일선 지지를 확인하고 종가배팅에 들어가야 한다. 중요한 것은 개인들의 매도가 나와야 한다는 것이다. 주도 개인, 기관, 외국인의 수급은 종목별 투자자로 장이 완전히 끝나고 확인할 수가 있다.

장중에 개인들의 매도가 어느 정도 나왔는지 확인할 수 있는 방법은 바로 증권사 거래원에 있다. 주로 개인투자자가 많이 쓰는 증권사는 대표적으로 키움증권, 미래에셋 등이다. 국내증권사 창구는 주로 기관과 개인이 사용하는데 각 증권사마다 개인투자자들의 계좌 비율이 다르다. 예를 들어, 특정 종목에 신한투자증권 창구에서 압도적인 거래대금이 들어왔다면 이것은 신한투자증권을 사용하는 개인투자자라기보다 기관자금일 가능성이 크다. 반대로 특정종목에 키움증권 매수가 크게 증가한다면 이것은 기관이 키움증권을 사용하여 매수한다고 생각하기보다 개인투자자들이 많이 들어오고 있다고 판단할 수 있다.

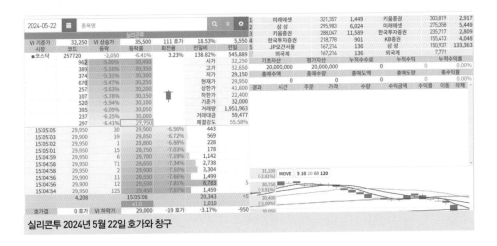

실리콘투 2024년 5월 22일 호가와 창구

앞의 거래원을 보면 실리콘투가 하락하는 가운데 종가 부근에 미래에셋 321,357주, 키움증권 288,047주, 총 609,404주의 물량이 나온 것을 확인할 수 있다. 매수 창구에서 미래에셋은 275,358주, 키움증권 303.819주, 총 579,177주 물량이다. 즉, 거래량 없는 음봉에서 주로 개인들이 사용하는 증권사 창구에서 매도가 우위라는 것은 개인투자자들의 공포물량이 나왔다는 뜻이고 이것은 반대로 기관 및 외국인 세력의 의도대로 진행되었다는 것이다.

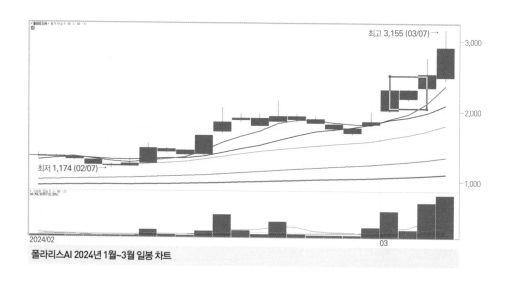

폴라리스AI 2024년 1월~3월 일봉 차트

챗GPT 대장주로 급등했던 폴라리스AI 차트도 마찬가지다. 추세 우상향 속에서 −6.71% 급락이 나왔지만 거래량이 크게 감소한 것을 볼 수 있다. 이때 종가 부근 거래원을 확인해보자.

폴라리스AI 2024년 3월 5일 호가와 거래원

						키움증권	2,622,462	1,826	키움증권	2,158,290	1,936
2024-03-05	종목명			Q	R	미래에셋	1,358,041	1,600	미래에셋	1,237,460	338
		폴라리스AI				한국투자증권	977,791	3,313	NH투자증권	1,045,547	874
VI 기준가	2,310	VI 상승가	2,545	64 호가	14.38%	NH투자증권	867,815	500	한국투자증권	991,786	171
시장	코드	등락	등락률	회전율	전일비	삼성	576,125	5,004	KB증권	599,129	8,028
■코스닥	039980	-85	-3.68%	17.68%	전일	외국계			외국계		
	7,267	-1.73%	2,270		시가	기초자산	평가자산		누적수수료		누적수익	누적수익률
	28,967	-1.95%	2,265		고가	20,000,000	20,000,000					0.00%
	30,136	-2.16%	2,260		저가	총매수액	총매수량		총매도액		총매도량	총수익률
	9,199	-2.38%	2,255		현재가	0	0		0		0	0.00%
	9,511	-2.60%	2,250		상한가	경과	시간	주문	가격	수량	수익금액	수익률	이동	삭제

위 거래원을 살펴보면 매도는 키움증권 2,622,462주, 미래에셋 1,358,041주, 매수는 키움증권 2,158,290주, 미래에셋 1,237,460주로 키움증권과 미래에셋 총매도는 3,980,503주, 총매수는 3,395,750원이다. 즉, 개인들이 많이 쓰는 창구에서 매수보다 매도가 더 많이 나온 것을 알 수 있다. 이것은 개인들의 투매가 나왔다는 뜻이고 이후 강력한 우상향의 증거다.

앞서 두 개의 상승추세 음봉 매수 성공사례를 살펴보았다. 이때 굉장히 중요한 포인트가 있는데 그것은 음봉의 종가가 전일 양봉의 시가 위에 있거나 최소한 비슷한 가격에서 마감되어야 추가 상승확률이 높아진다는 것이다. 상승추세에 있는 종목에서 음봉의 위치가 완전히 다른 결과를 만들어낼 수도 있다. 다음 차트를 살펴보자.

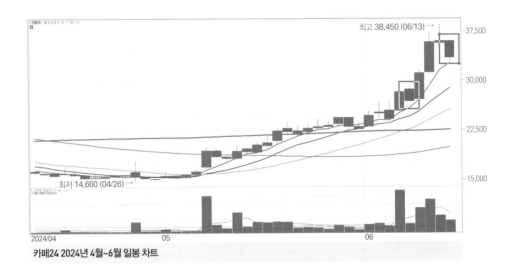

카페24 2024년 4월~6월 일봉 차트

　유튜브와 AI몰 기대감으로 우상향을 했던 카페24 차트를 보면 첫 박스에서 음봉이 나왔지만 전일 종가 아래로 내려가지는 않았다. 다음 거래일에 17% 추가급등했고, 두 번째 박스를 보면 전일 십자 캔들이 나오고 음봉이 떨어졌는데 5일선을 지지했지만 전일 종가를 이탈하는 음봉이었고, 이는 하락으로 추세 전환의 빌미가 되어 다음 거래일에 −12% 급락했다. 이처럼 상승추세 음봉이라도 눌림이라고 판단해서 매수를 들어가면 다음날 큰 하락이 나올 수도 있으니 상당히 신중하게 매매해야 한다. 그리고 가급적 한 달 이상 추세가 이어진 이후의 음봉매수보다는 상승 초창기 음봉매수가 훨씬 확률이 높다.

　지금까지 상승추세의 눌림목에서 음봉 위치와 거래원을 살펴보았다. 상황에 따라 음봉이 전일 종가를 이탈한 후 시간 외에서 급등하거나 개인이 많이 산 종목이 갑자기 급등하는 상황도 종종 나올 수 있다. 그러나 주식은 100% 딱 맞는 매매법을 찾아내는 것이 아닌 확률을 높이는 게임이다. 단 상승과 하락 50:50의 상황에서 1%라도 유리한 상황을 찾아내 반복하는 것이 성공투자의 길이라는 것을 명심하기 바란다.

 비중관리 팁

음봉에서 매수를 하는 것이기 때문에 절대 급하게 매수하면 안 된다. 또한 2시 30분보다는 3시 이후 종가에 가깝게 매수하는 것이 좋다. 분봉이 하락할 때 미리 들어가게 되면 나도 모르게 추가매수를 통해 비중이 높아지게 된다. 따라서 이 매매법은 동시호가에 매수를 하거나 3시 이후 저점이 나왔다고 판단되면 전체 자금에서 비중 10~20%로 한 번만 매수하는 것이 현명하다.

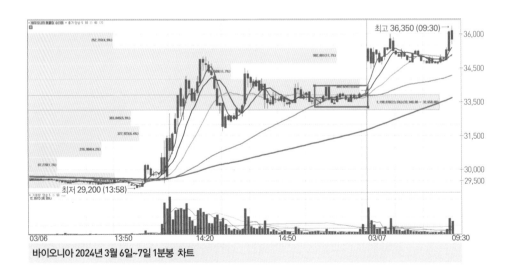

장중 재료발생 종가배팅

　장중에 공시나 호재뉴스가 발생한 이후 이 재료의 크기를 파악해 종가배팅을 하는 매매법이다. 이 매매법에서 가장 중요한 것은 일봉의 위치보다 재료발생의 크기와 시간대 그리고 분봉의 위치다. 다음 사례를 보며 자세히 살펴보자.

최고 36,350 (09:30)

최저 29,200 (13:58)

바이오니아 2024년 3월 6일~7일 1분봉 차트

위 차트를 보면 장중 내내 변동이 없던 주가가 오후 2시부터 본격적인 상승을 하는 것을 볼 수 있다. 이후 2시 30분 최고점을 찍고 오후 3시부터 다음 슈팅을 위한 횡보를 하다 종가가 마감되었다. 여기서 중요한 것은 종가가 최고점이 아니라는 것이다. 1차 상승 후 다음 상승을 위한 매집과정에서 장이 마감되었다는 것이 매우 중요하다. 그 이유는 메이저 세력이 오후에 추가급등을 시키지 않고 일부러 횡보를 시켰다는 것인데, 이것은 다음날 오전 급등이 훨씬 더 많은 거래대금을 동반할 수 있다는 기대감 때문이다. 거래대금이 많아야 세력 입장에서도 많은 물량의 차익실현을 원활하게 할 수 있다. 만약 3시 이후에 추가슈팅이 나왔다면 이것은 다음날 오전에 나올 급등 시세가 미리 나온 것이기 때문에, 시간 외에서 오히려 빠질 수 있으니 조심해야 한다.

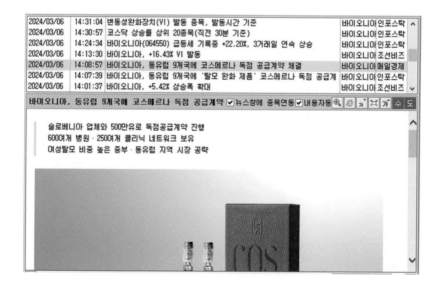

인포스탁의 경우도 〈매일경제〉에서 비슷한 시간대인 2시에 기사가 나왔다. 기사 내용도 중요하지만 중소형 언론사보다는 〈매일경제〉, 〈한국경제〉, 〈연합뉴스〉처럼 메이저 언론에서 다뤄주는 것이 신뢰도가 훨씬 높아진다. 또한 기사가 나오는 시간도 오전보다는 12시 이후에 기사가 떴을 때 종가배팅하기 좋다. 오전에 기사가 나온 종목의 경우는 종가까지 시간이 많이 남았기 때문에 장중에 이미 해당 기사에 대한 시세가 다 반영되는 경우가 많다. 적어도 12시 이후 기사를 봐야 하며, 가장 좋은 시간대는 오후 2시 정도다. 이때에 뉴스가 나오고 1차 급등 그리고 재매집하기 좋은 환경이 만들어진다.

일단 기사 내용을 확실히 파악하고 기사로 인한 분봉상 슈팅 확인 이후 횡보구간 매집에서 1분봉 60선 부근에서 함께 매집을 하자. 3분봉으로는 20선이다. 기사 내용이 어느 정도 파급력이 있다면 내일도 세력들은 오후 3시 부근에 매집한 물량에 대한 차익실현 기회를 만들어낼 것이고, 그 타이밍은 당연히 거래량이 가장 많은 다음날 장 초반이 될 것이다. 또한 시간 외에도 갭 뜰 확률이 매우 높아지게 된다. 여기서 중요한 포인트는 뉴스가 뜨고 나서 급등하는 주식을 절대 따라가면 안 된다는 것이다. 일단 뉴스를 파악하고 주가가 안정될 때 모아 가야 한다.

기준봉 단기스윙매매

　이 매매법은 큰 급등이 나온 장대양봉을 기준으로 눌림을 잡는 것을 목표로 한다. 대량거래량을 수반한 큰 급등(상한가이거나 상한가에 가까운 윗꼬리 없는 양봉일수록 좋다)이 나왔다는 것은 시장에서 당일 투자자들의 관심을 한몸에 받았다는 것이다. 따라서 특정가격에 도달할 시 저가 매수세가 들어오며 다시 재상승하는 확률이 굉장히 높다. 이 매매법을 잘 마스터하면 직장인, 사업자 등 매일 주식을 실시간으로 보기 어려운 투자자들도 고수익이 가능하다.

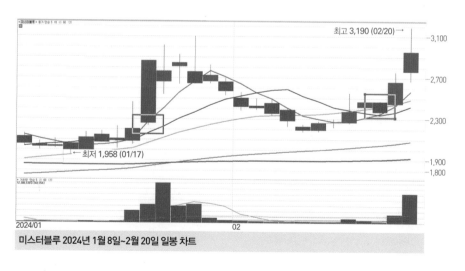

미스터블루 2024년 1월 8일~2월 20일 일봉 차트

앞의 미스터블루 차트를 보면 전일 종가기준 2,200원에서 1월 24일 3,200만 주의 큰 거래대금을 동반한 상한가가 출현했다. 이후 가격이 추가로 올라가긴 했지만 10거래일 연속 하락하는 흐름을 보인다. 이후 추가는 20일선을 이탈했지만 1월 24일 첫 상한가 기준봉 범위에서 움직이는 것을 확인할 수 있다. 기준봉 단기스윙매매는 기준봉 사이에서 지지하는 것을 확인한 다음 20일선 이탈 후 다시 회복하는 종목을 매매하는 것이다. 재료가 살아 있고 메이저 수급이 차트에 남아 있다면 결국 기준봉 안에서 움직인다는 원리로 매매하는 것이다. 이때 중요한 것은 기준봉 저점에 닿았다고 무조건 매수하면 안 된다는 것이다. 기준봉 사이에서 움직이되 20일선을 깼다가 다시 추세를 돌리는 수급이 들어와 20일선을 회복하고 눌리는 자리가 매수 타점이 된다.

앞 차트의 빨간색 선으로 표시한 음봉이 종가배팅으로 적절한 매수 타점이다. 20일선은 한 달간의 평균가격을 나타낸다. 이 20일

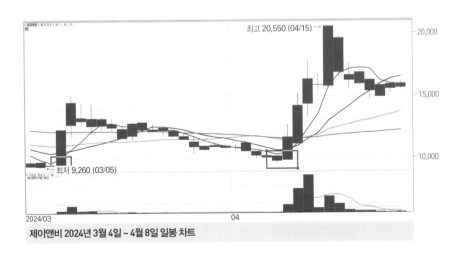

제이앤비 2024년 3월 4일 ~ 4월 8일 일봉 차트

선을 회복했다는 것은 다시 추세가 살아난다는 뜻으로 이해하면
된다. 20일선은 시장에서 세력선 또는 황금선이라고도 불린다.

제이앤비 차트를 보면 3월 7일 첫 상한 이후 4월 8일 20일선 위
로 차트를 돌리는 흐름이 나오기까지 거의 한 달 가까운 시간이 걸
렸다. 한 달 동안 거래량도 거의 없는 상태가 유지되었는데, 단기
스윙 눌림매매를 하는 트레이더들이 하는 고민은 눌림에서 살 때
거래량이 너무 없어 자금이 커지면 매매하기가 힘들어진다는 것이
다. 그래서 더더욱 저점을 함부로 예측해서 거래량 없을 때 들어가
면 안 된다. 저점에서 들어가서 갑자기 거래량이 터지며 추세를 돌
리면 좋겠지만 그것은 어디까지나 운이 작용했던 것이고 매매를
정형화시킬 수가 없다. 트레이딩의 핵심은 매매의 정형화다. 따라
서 가장 낮은 가격에서 매수를 하려는 노력보다 추세를 돌리는 정
확한 타점을 잡는 노력을 하는 것이 확률적으로 그리고 장기적으
로 유리하다.

한빛레이저 2024년 2월 5일~3월 18일 일봉 차트

앞의 차트는 첫 상한가가 시작된 자리까지 밀린 종목을 저가라고 해서 매수하면 어떻게 되는지 보여주기 위해 준비한 차트다. 보통 눌림매매하는 트레이더는 저 빨간 박스에서 매수를 많이 한다. 하지만 주가는 잠깐의 반등만 줄 뿐 이후 끝없는 하락세를 보였다. 분명히 기억해야 한다. 저가라고 무조건 매수하면 안 되고 종가 기준 20일선을 확실히 재돌파하는 흐름이 출현한 날 매수해야 한다.

 비중관리 팁

단기스윙매매는 1~2주 정도 기간을 잡고 홀딩하는 전략이기 때문에 절대 급하게 매수하면 안된다. 또한 앞서 강조했듯 거래량이 없을 때 반등할 것이라는 나만의 상상으로 미리 들어가면안 된다. 이렇게 매수해서 반등이 나오면 오히려 그 경험이 나중에 매매를 정형화하는 데 독이 될 것이다. 거래량이 없는 자리에서는 100만 원, 200만 원으로 트레이딩을 하는 것이 어렵지 않다. 그러나 나중에 수익이 누적되고 큰 트레이더가 되면 천만, 억 단위로 거래를 해야 하는데 그때는 100~200만 원으로 거래하던 타점과 종목이 맞지 않게 된다. 따라서 내가 소액으로 매매를 하더라도 나중을 생각해서 천만, 억 단위로 거래를 했을 때도 같은 매매를 할 수 있는 종목선정과 타점이 중요하다. 거래량 없는 종목이나 타점에 익숙해지면 소액으로 수익은가능하지만 절대 나중에 큰 트레이더는 될 수 없다. 따라서 반드시 거래량이 어느 정도 붙으며20일선 위로 추세를 돌리는 그날 종가매수로 약 10% 수준의 매수를 권장한다. 다음날 바로급등한다면 분할 차익을 하면 되지만, 만약 추가로 횡보를 한다면 오전에 바로 추가매수가 아닌 오후 종가 부근에서 10% 수준으로 한 번 더 매수하는 것이 적당하다.

신고가 주도주 수급매매

이 매매법은 52주 신고가를 돌파한 시장주도주의 5일선 지지 여부를 확인하고 매수하는 추세 추종을 목표로 한다. 종목이 급등하기 위해서는 다양한 조건이 있는데 한 번 자세히 알아보도록 하자.

대한전선 2023년 5월~2024년 5월 일봉 차트

대한전선 일봉 차트를 보면 4개월간 꾸준한 우상향으로 작년 전고점을 돌파하는 흐름을 보여주었다. 차트를 자세히 보면 52주 신고가를 달성한 이후 주가가 장중에 조정이 나와도 5일선을 강하게 지지해주는 모습을 보여준다.

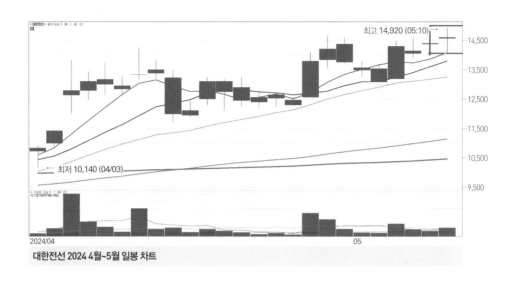

대한전선 2024 4월~5월 일봉 차트

　아무리 주도주라도 지수가 조정을 받으면 주가도 함께 조정을
보일 수밖에 없는데 대한전선 일봉을 보자. 5일선을 터치했을 때
저가 매수세가 들어오며 탄탄하게 받쳐주는 것을 확인할 수 있다.
이때 수급이 상당히 중요한데 박스로 표시한 당일(5월 10일) 거래원
을 보자.

기간	24/06/18 ~ 24/07/18			누적순매수	+28,647	-48,183	+19,481
일자	현재가		전일비	거래량 ▼	개인	외국인	기관계
24/05/14	17,240	▼	870	28,425,492	+27,156	-11,300	-10,788
24/05/13	18,110	▲	3,510	85,375,345	-48,601	+28,009	+15,045
24/05/10	14,600	▲	220	12,132,535	-9,889	+5,181	+4,344
24/05/09	14,380	▲	320	7,391,615	+5,281	-6,487	+1,001
24/05/08	14,060	▼	240	9,705,604	-5,466	+3,619	+1,972

대한전선 종목별 투자자 매매동향

5월 9일에도 5일선을 지지하는 십자형 도지가 발생했지만 외국인은 매도를 하고 기관은 올리기 충분하지 않은 매수를 보였다. 그러나 5월 10일 기관과 외국인이 모두 양매수해주며 급등을 위한 준비가 포착되었다. 이때 핵심은 기관과 외국인 양매수가 들어오는 상황에서 주가가 급등을 하면 안 된다는 것이다. 5월 10일 거래대금은 1,800억 원이 넘었지만 종가는 1.53%로 마감했다. 이것은 기관과 외국인이 저가에서 매수하며 손바뀜이 많이 일어났지만 아직 시세가 나오지 않아 평단이 매수가에 머물렀다는 의미다. 시장의 시세를 만드는 절대 갑인 기관과 외국인 입장에서 시세를 만들지 않은 양매수는 본인들의 차익실현을 위해 시세를 만들 수 있다는 반증이 된다. 만약 기관과 외국인 양매수가 들어왔는데 주가가 떨어져 버리면 그들이 손해를 보기 때문이다. 이것이 기관과 외국인 수급매매의 핵심이다.

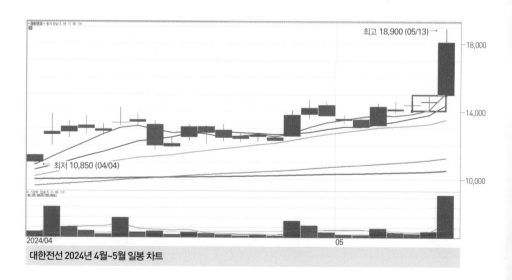

대한전선 2024년 4월~5월 일봉 차트

주가는 D+1일 시장 주도주급으로 거래대금을 터트리며 장중 29.45% 상한가를 터치했다. AI인공지능 시대에 전선주가 수혜를 볼 것이라는 기대 속에 많은 전선주들이 급등을 하던 타이밍이었다. 일일이 주식시장에서 모든 종목의 수급을 살펴보며 기관과 외국인 양매수를 찾을 필요가 없다. 조금만 공부하면 누구나 알 수 있는 시장 주도섹터 안에서 지수가 떨어져도 기관과 외국인이 5일선을 지켜주는 아직 시세가 나오지 않은 주도주를 찾자.

 비중관리 팁

매수 타이밍은 가장 많이 빠지는 시간대인 점심시간에도 5일선을 지켜주는지 확인하고 오후에 2시 30분 이후부터 분할매수하는 것이 바람직하다. 기관과 외국인 양매수는 잠정 투자자에서 어느 정도 유추해볼 수 있다. 매수 후 다음날 지수 영향으로 한 번 더 쉬었다 가는 경우도 있으니 다음날 바로 급등한다는 생각에 큰 비중을 넣으면 안 된다. 20~30% 수준의 비중을 넣고 추가매수는 가급적 하지 말자. 만약 종가 기준 5일선을 이탈하면 일단 매도 후 대돌파 다음에 지지할 때 매수에 들어가자. 신고가 매매는 기본적으로 주가가 가장 높을 때 사는 것이기 때문에 위에 매물이 없어 그 자리에서 수급이 들어오면 짧은 기간 안에 큰 수익을 낼 수 있지만, 추세하락으로 접어들면 어디까지 빠질지 모르니 5일선을 반드시 매도의 기준으로 잡고 대응하자. 또한 다음날 급등이 연출되면 오전 10시까지 흐름을 보고 10%든 20%든 차익실현을 하는 것이 좋다. 상한가를 오전에 닫았다면 당연히 다음날 갭상승을 목표로 홀딩을 해야 한다.

주도주 첫 신고가 추세매매

이 매매법은 해당 종목이 그동안 쌓인 모든 매물을 돌파하고 역대 최대 거래대금이 터지며 처음으로 최고점, 즉 신고가를 찍었을 때부터 매수에 동참하는 돌파매매 형식이다. 거대한 매수세가 붙으며 그동안 이 종목에 물려 있던 모든 개인투자자의 물량을 흡수하며 그들의 탈출을 돕는다는 것은 기관 및 외국인 큰손들이 자원봉사자라서 그런 것이 아니다. 그만큼 추가급등에 대한 자신이 있기 때문이다. 이런 차트 형태는 단기로 적게는 50%에 6개월 이상 끌고 가며 10배(1,000%) 이상 폭등이 나오기도 한다. 스윙으로 최고의 수익을 얻을 수 있는 방법이기 때문에 아주 자세히 설명하려고 노력했다.

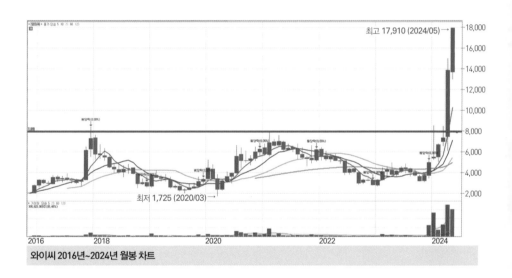

와이씨 2016년~2024년 월봉 차트

위 차트를 보면 2016~2024년 약 8년 동안 박스권에 갇혀 주가는 횡보 중이었다. 그러나 삼성전자 HBM 이슈와 함께 지금까지 볼 수 없었던 역대 최고 거래량이 터지며 주가가 그동안 저항대였던 8,000원을 돌파하면서 두 달 만에 100%가 넘는 폭등을 보여주었다.

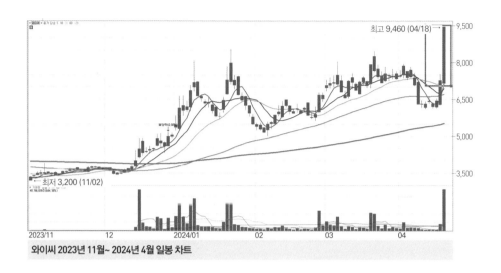

최고 9,460 (04/18)

최저 3,200 (11/02)

2023/11   12   2024/01   02   03   04

와이씨 2023년 11월~ 2024년 4월 일봉 차트

일봉상 흐름을 보면 와이씨는 4월 18일 상한가로 마감하며 거래대금은 4,250억 원이 터졌는데 삼성전자 등 초대형주를 제외하면 당일 최고의 돈이 몰렸다고 볼 수 있다. 자, 그럼 와이씨가 역대 최고점이자 상한가로 마감한 이날 대부분의 개인투자자들은 여기에서 어떤 포지션을 취했을까?

232140	신 와이씨		2024/07/18	◉금액 ○수량 ○추정평균가		
기간 24/06/18 ~ 24/07/18			누적순매수	+53,615	−27,699	−25,277
일자	현재가	전일비	거래량 ▾	개인	외국인	기관계
24/04/22	10,140 ▲	320	37,944,644	−1,153	+2,889	+801
24/04/19	9,820 ▲	360	54,463,320	+2,180	−8,522	+4,393
24/04/18	9,460 ⬆	2,180	48,746,036	−12,834	+6,799	+4,703
24/04/17	7,280 ▲	1,090	7,564,810	−3,902	−142	+3,816
24/04/16	6,190 ▼	140	1,004,203	+279	−418	+120

그렇다. 개인들은 대량매도를 했고 이 물량을 기관과 외국인이 모두 가져갔다. 물론 상한가 따라잡기로 홀딩한 개인이나 장중 단타로 와이씨에서 수익을 본 개인들도 있겠지만 매도가 저렇게 크게 나온다는 것은 그동안 고점에서 물려 있던 개인들이 본전이 오면서 매도했다고 보는 것이 합리적이다. 주로 개인투자자들은 손실 본 상태로 주식을 보유하는 기간이 길면 길수록 고통이 누적되기 때문에 본전이 오면 매도하려는 심리가 매우 강하다.

그렇다면 기관과 외국인들은 8,000원 부근 전고점에 물려 있던 개인들을 탈출시키기 위해 4,000억 원이 넘는 거래대금을 터트린 자원봉사자일까? 절대 아니다. 첫 상한가는 기관과 외국인이 수익을 낼 수 있는 구조가 아니다. 즉, 개인물량을 받으며 돈을 투입했다는 것인데 이렇게 하면서까지 주가를 끝까지 올렸다는 것은 앞으로 이 종목을 더 높게 급등시켜서 수익 낼 자신이 있기 때문이라고 해석하는 것이 합리적이다. 실제로 와이씨는 첫 상한가 이후 개인들이 쉽게 붙지 못하는 자리에서 추가로 100% 이상 상승했다.

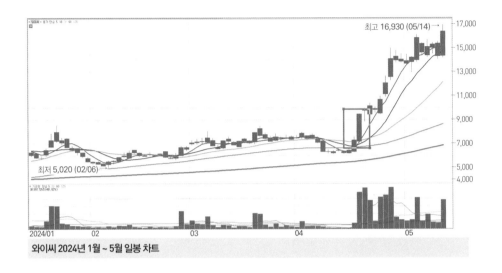

와이씨 2024년 1월 ~ 5월 일봉 차트

　　위 차트에서 빨간 박스로 표시한 시점이 바로 신고가가 처음 나왔던 타이밍이다. 이때 이후 100% 이상 상승했기 때문에 지금 보면 낮은 가격이지만 그때는 개인투자자들이 높은 가격이라고 매수를 머뭇거리던 자리다. 기관과 외국인이 매수를 통해 신고가를 가며 아무도 물린 사람이 발생하지 않는 가격에, 앞으로 매수만 해준다면 불확실한 매도 물량 없이 추세가 단기로 크게 나올 수 있는 자리, 그 자리에 과감하게 들어가야 한다. 그럼, 조금 더 디테일하게 살펴보도록 하자.

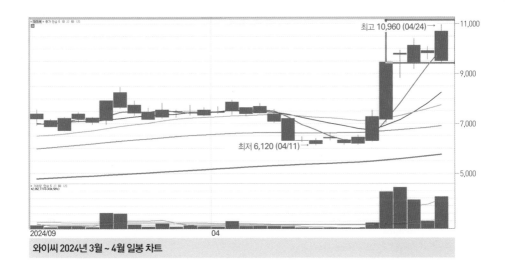

최고 10,960 (04/24) →

최저 6,120 (04/11)

2024/09   04

와이씨 2024년 3월 ~ 4월 일봉 차트

첫 상한가에서 매수를 한다는 것은 상한가 따라잡기 영역이다. 추세 추종 관점에서 매수를 한다면 첫 상한가 이후 5일선을 봐야 한다. 횡보하던 주가가 갑작스러운 급등이 나오면 5일선도 함께 따라 올라가게 된다. 이때 상한가 이후 눌림이 발생하게 되는데 5일선을 이탈하지 않는 밑꼬리와 오후에 프로그램 매수가 함께 들어온다면 오후부터 분할매수로 다음 급등을 기대해볼 수 있다.

그리고 한번 시세가 시작되고 한 달 기준으로 끌고 간다면 10일선을 보고 대응하는 것이 좋다. 즉, 매수 후 약간의 조정을 보여도 10일선을 이탈하지 않는다면 지속적으로 홀딩해야 하고 10일선 이탈 시 매도해야 한다. 와이씨도 4월 18일 8,000원을 상한가로 돌파한 후 10일선 이탈 없이 상승해 한 달도 안 되는 기간 동안 100%의 상승이 나왔다.

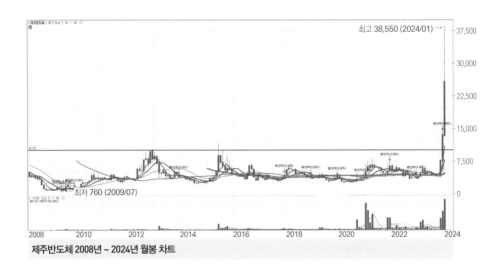

제주반도체 2008년 ~ 2024년 월봉 차트

2024년 상반기 시장 주도주로 올랐던 제주반도체도 2008년부터 형성된 박스권을 돌파하며 대시세가 나왔다. 전고점 돌파는 6,500원, 최소점은 38,500원으로 3개월 동안 5배가 넘는 폭등을 보였다. 참고로 제주반도체는 메모리 반도체 팹리스 기업으로 그동안 시장에서는 반도체 업황에 따라 움직이다가 AI온디바이스라는 세상에 없던 기술이 나오면서 국내 최대 수혜주로 새롭게 부각되었다. 이렇게 세상이 변하면서 갑자기 특정 기업이 시장에서 크게 주목받거나 새로운 기술이 발명되어 그것이 시장에 큰 임팩트를 줄 때 100~1,000%의 대시세가 나온다.

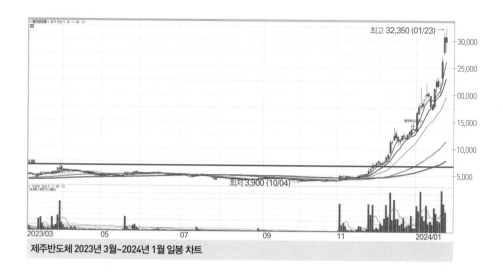

최고 32,350 (01/23) →

최저 3,900 (10/04)

제주반도체 2023년 3월~2024년 1월 일봉 차트

제주반도체 일봉 차트를 보면 마찬가지로 첫 급등 후 5일선을 지켜주며 매물 소화를 하다가 이후 본격적인 시세가 나오기 시작하면 10일선을 이탈하지 않는 모습을 보인다. 이후 제주반도체는 38,000원을 찍고 난 이후 추세가 하락에 30,000원 부근에서 10일선을 이탈했다. 첫 신고가 이후 5일선을 지지하는 것을 확인하고, 매수 이후 10일선 이탈 시 매도를 한다면 주가가 최고점일 때 파는 것이 아니다. 이유는 당연하게도 최고점에서는 10일선을 이탈하지 않기 때문이다. 주가가 충분히 올라온 후 추세가 하락기에 접어들 때 10일선을 이탈하는 경우라면 최고점이 아니라고 아쉬워할 필요가 없다. 첫 신고가에서 잡아서 10일선 이탈 시 매도했다면 이미 5배의 수익을 낼 수 있기 때문이다. 이처럼 추세 추종 매매는 최저점에 매수해서 최고점에서 매도하는 것이 아닌 종목의 확실한 시세를 확인하고 그 시세가 꺾일 때까지 최대한 가져가는 것이 핵심이다.

최고 242,000 (09/11) →

최저 17,200 (11/29)

레인보우로보틱스 2021년~2023년 주봉 차트

　　휴머노이드 로봇을 만드는 레인보우로보틱스는 상장 이후 주가
가 4만 원 아래에 머물며 별다른 주목을 받지 못했다. 로봇회사들
이 다 비슷하지만 2023년 전에는 실적도 거의 없어서 유동성 이슈
도 있던 종목이다. 그러나 로봇산업의 폭발적 성장과 함께 삼성전
자가 2대 주주로 들어오며 약 2년 동안의 박스권을 신고가로 돌파
하고 주가는 이후 800%가 폭등했다. 이 책에서는 지면상 세 종목
을 다뤘지만, 이렇게 신고가를 돌파하고 폭발적인 수익률을 보여
주는 종목이 1년에 10개 이상 나온다. 그리고 종목을 한번 잘 잡으
면 단타 100번의 수익보다 훨씬 크다. 이런 종목들은 단순 테마로
나오는 것이 아니다. 시대 큰 변화의 중심. 그리고 압도적인 거래
대금 출현 등이 맞아떨어져야 한다. 그리고 그 추세를 믿고 매수를
했을 때 단타로는 그동안 볼 수 없던 엄청난 수익을 얻게 될 것이
다.

추세 추종 매매는 짧게는 2주 길게는 6개월까지도 보유할 수 있기 때문에 절대 부담스러운 비중으로 들어가면 안 된다. 100% 상승을 기대하고 몰빵을 하면 큰 수익을 낼 수 있을 것 같지만 실제로는 너무 큰 비중으로 원칙대로 매매가 잘 되지 않는다. 비중이 커질수록 심리에 영향을 많이 받기 때문이다. 감당하기 어려운 비중을 들어가면 100% 수익 낼 수 있는 종목을 조금만 흔들려도 신경 쓰인다고 10%의 수익만 내고 매도하는 경우가 많아진다. 반대로 적절하게 들어가면 원칙대로 10일선을 기준으로 100% 이상 수익을 내고 매도할 수 있다. 1억 원으로 5% 수익이 난 것과 3,000만 원으로 100% 수익이 난 것을 비교했을 때, 전자가 더 많은 자금이 투입되었지만 실제로는 후자가 더 많은 돈을 벌었다. 비중은 심리와 직결되기 때문에 원칙 매매에 굉장히 큰 영향을 미친다는 것을 기억하자.

신고가 주도주 박스권 돌파

주도주란 중심섹터 대장주이자 거래량이 터지면 시장에서 가장 많은 돈이 몰리는 종목을 말한다. 주도주는 그 추세가 유지되는 한 쉽게 꺾이지 않으며 급등, 매집, 급등을 반복하며 덩치를 키워간다. 그 어떤 종목도 우상향 시 매일매일 양봉만 그리며 올라가는 경우는 없다. 대부분의 종목이 상승 전 매집과정을 거치기 때문에 계단식 상승이 많이 나온다. 시총 500~1,000억 원의 스몰캡 종목들은 그 패턴이 좀처럼 정형화되어 있지 않아 뉴스나 수급에 따라 차트 형태가 다 다르지만, 많은 시장의 투자자가 참여하는 주도주급 종목들은 그 패턴이 어느 정도 정형화되어 있다.

현대차 2024년 1월 ~5월 일봉 차트

현대차는 1월 1차 급등을 통해 주가가 한 단계 레벨업이 된 후 2
월~5월 약 4개월 동안 다음 급등을 위한 매집이 진행되고 5월 22
일 박스권 상단에서 9% 넘는 급등을 하였다.

005380	▼Q 신	현대차		2024/07/19		◉금액	○수량	○추정평균가		◉순매수
기간 24/06/19 ~ 24/07/19				누적순매수		+269,138	−56,793	−230,573		−3,010
일자		현재가	전일비	거래량	▼	개인	외국인	기관계		금융투자
24/05/22		277,000	▲ 24,000	3,336,634		−324,951	+234,194	+91,525		+51,597
24/05/21		253,000	▲ 2,500	576,613		−40,740	+26,697	+14,714		+5,181
24/05/20		250,500	▲ 6,500	860,566		−100,764	+64,976	+35,486		+19,925

현대차의 급등 전 2거래일 동안 수급을 보면 2일 동안 기관과
외국인의 양매수가 뚜렷하게 발견된다. 5월 20일 종가는 2.66%,
21일 종가는 1%다. 기관과 외국인의 양매수가 들어온 것을 감안하

면 시세는 거의 나오지 않았다. 즉, 급등을 위한 양매수가 아닌 매집을 위한 양매수가 진행되었다는 것을 확인할 수 있다. 박스권 상단까지 급격한 상승 없이 매물을 차근차근 소화해가며 시세에 영향을 주지 않는 짧은 양봉과 기관 및 외국인 양매수는 전고점 돌파를 위한 준비과정이라는 것을 반드시 명심하기 바란다.

현대차 2024년 3월~5월 일봉 차트

자, 그렇다면 빨간 박스로 표시한 박스권 상단 자리(4월 22일~24일)에서는 왜 전고점 돌파가 나오지 않았을까?

| 005380 | ▼ Q | 신 | 현대차 | | 2024/07/19 | ⬜📱 | ●금액 | ○수량 | ○추정평균가 |

기간	24/06/19	📱 ~	24/07/19	📱	누적순매수	+269,138	-56,793	-230,573
일자	현재가		전일비	거래량 ▼		개인	외국인	기관계
24/04/24	252,500	▲	3,000	1,242,059		-127,843	+101,219	+28,240
24/04/23	249,500	▲	4,500	1,153,091		-90,131	+86,355	+5,961
24/04/22	245,000	▲	10,000	1,314,974		-129,764	+108,700	+23,751

　　박스권 상단에서 기관과 외국인의 양매수는 5월 21일과 4월 24일이 동일하지만 4월 24일 전고점 돌파가 나오지 않은 것은 박스권 상단까지 갭을 띄우며 급하게 올라간 것이 원인이다. 2부에서도 분봉 돌파에 대해 설명했지만 전고점까지 너무 급하게 올라가면 이후 전고점 돌파가 아닌 차익실현 매물이 나오게 된다.

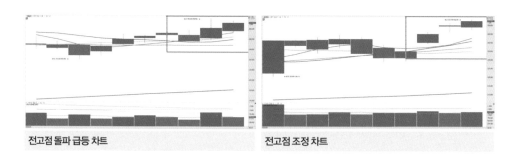

전고점 돌파 급등 차트　　　　　　　전고점 조정 차트

　　전고점에서 무조건 양매수가 들어온다고 해서 바로 매수를 하면 안 된다. 위 차트를 잘 비교하고 눈으로 익히기 바란다. 갭상승 없이 박스권 상단 매물을 차근차근 소화하는 흐름과 기관 및 외국인 양매수가 함께 들어올 때 전고점 돌파 확률이 굉장히 높아지게 된다. 꼭 기억하기 바란다.

신고가 주도주 박스권 돌파매매는 급등 이후 추세를 따라가는 것이 아닌 급등 전 박스권 상단에서 미리 매수를 하는 방법이다. 따라서 어느 정도 하방이 막혀 있고 변동성이 나올 때 대부분 급등으로 손실은 적게 수익은 크게 가져갈 수 있는 매매법이다. 다만 매수 후 2~3일 안에 슈팅이 나오지 않으면 2주~한 달까지 다시 횡보구간에 들어갈 수 있기 때문에 많은 비중을 넣게 되면 자금이 묶일 수 있다. 그리고 매수 후 며칠 안에 반응이 오지 않으면 다시 사더라도 일단 매도를 해야 원활한 자금운용이 가능해진다. 권장 비중은 전체 자금의 10% 수준이며 D+1 급등 시 시세를 확인하고 일부 불타기로 추가매수도 고려해볼 수 있다. 이 매매법의 경우 추세가 꺾일 때 물타기는 절대로 하면 안 된다.

테마주의 특징과 사례

주식을 매매할 때 투자자들마다 기준이 있다. 예를 들어, A회사에서 경쟁력 있는 신제품을 출시했거나 대기업과 MOU 체결 등 누가 봐도 명확한 호재가 있는 종목의 경우 재료의 사실 여부보다 수익 낼 수 있는 타점을 더 많이 연구하고 분석하는 것이 좋다. 그러나 초전도체, 영일만, 남북경협 등 투자자들 사이에서도 그 내용자체가 호불호가 나뉠 때 투자자들은 매매를 망설이게 된다. 이중에서 가장 큰 논란이 있었던 초전도체 테마를 예로 들어보면, 퀀텀에너지 연구소가 상온상압에서 초전도체로 주장을 했던 LK-99가공개되고 관련주들이 폭등을 보였다.

오랜 기간 동안 테마주들의 탄생과 소멸을 지켜보면서 내린 결론은 그 내용이 의심스럽더라도 시장에서 돈이 몰리고 결과가 바로 나오지 않은 재료라면 기대감만으로도 엄청난 상승을 보인다는 것이다. 즉, 내가 그 재료를 사기라고 판단하는 것은 의미 없다. 시장이 항상 정답이고 돈이 이 섹터에 몰린다면 적극적으로 매매에임해야 한다.

이성적으로 생각하면 반신반의한 테마주들은 늘 찬반이 있기

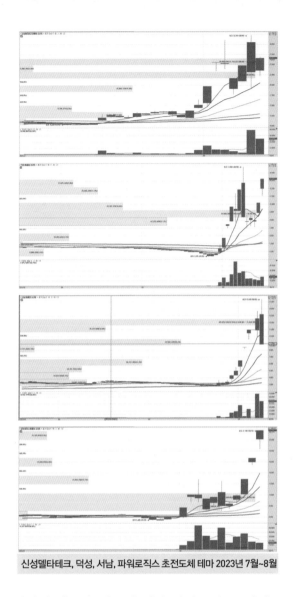

신성델타테크, 덕성, 서남, 파워로직스 초전도체 테마 2023년 7월~8월

마련이고 여기에 따른 노이즈가 항상 따라온다. 그러나 주가는 이런 논란을 뒤로 하고 폭등하는 경우가 많다. 확실한 팩트도 없지만 이것을 반박할 확실한 자료도 존재하기 어려운 상황에서는, 투자자들의 기대감만으로 주가가 올라간다는 것을 기억해야 한다.

최고 184,800 (02/21)

최저 8,280 (02/07)

신성델타테크 2023년 4월~2024년 2월 일봉 차트

　　초전도체는 현재 사실 여부가 확인되지 않은 상태로 투자자들 기억에서 거의 잊혀 가지만, 대장주 신성델타테크는 오직 기대감 하나만으로 저점 대비 15배가 폭등했다. 만약 초전도체는 말이 안 된다고 사기라고 손가락질을 했다면 수익 낼 수 있는 기회를 놓쳤다는 말이다.

　　정치테마주도 논리적으로 생각해보면 상승의 명분이 약하다. 대선 또는 총선 때마다 해당후보의 지인, 학연, 혈연 심지어 같은 성씨라는 이유로 급등을 한다. 이런 현상을 보면 투자자들은 한국 주식은 사기판, 도박판이라고 생각할 수 있지만 로마에 왔으면 로마법에 따라야 한다. 우리가 미국주식으로 계좌를 옮길 것이 아니라면 국내 주식시장에 적응해야 한다.

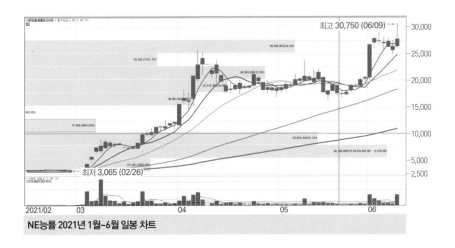

NE능률 2021년 1월~6월 일봉 차트

　대선 기간 파평 윤씨 테마주 1등으로 올라서며 주가는 3,000원
에서 30,000원까지 정확히 10배가 올랐다. NE능률 회장이 대통령
후보와 같은 윤씨라는 것이 주가가 10배 폭등한 이유다. 이렇게 주
식시장은 비이성적인 논리로도 투자자들의 암묵적인 기대감과 수
급만 있으면 엄청난 상승을 보이는 종목이 나온다.

NE능률 2018년~2024년 주봉 차트

당연한 결과지만 주가는 이후 3년 동안 하락을 거듭해 폭등 전 자리로 돌아왔다. 시장에 관심이 몰리고 돈이 몰리는 상승추세에서 적극적으로 매매해야 하는 이유다.

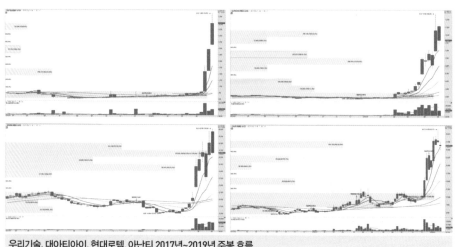

우리기술, 대아티아이, 현대로템, 아난티 2017년~2019년 주봉 흐름

또 다른 예로 과거 통일에 대한 기대감으로 남북경협주가 엄청난 폭등을 보였다. 물론 현재는 북한과 통일은 요원해보이지만 당시에는 기대감 하나만으로 정말 많은 종목들이 적게는 100% 많게는 500% 이상 폭등을 보였다. 당시에도 통일에 대한 회의적인 시각이 많았다. 이 테마는 정치적 이슈가 되어 전 국민이 정확히 반반의 의견으로 나뉘었다. 그러나 그것과 별개로 주가는 정부정책으로 엮여 폭등했다는 것이다. 국가 정책으로 묶인 종목은 정부가 이끄는 메인테마 섹터라고 생각하면 된다. 이런 섹터는 개인의 옳고 그름으로 판단해서 매매를 결정하기보다 적극적인 매매를 통해

수익극대화 방법을 찾는 것이 훨씬 좋다. 국가 정책에 반하지 말라는 주식시장의 격언을 잊지 말자.

정부가 영일만 앞바다 유전개발을 발표하며 엄청난 사회적 이슈가 생겼다. 영일만 사업에 찬성하는 언론도 있지만 반대로 영일만 유전의 성공 여부와 사업성 등 다양한 날선 비판을 하는 언론사도 많았다.

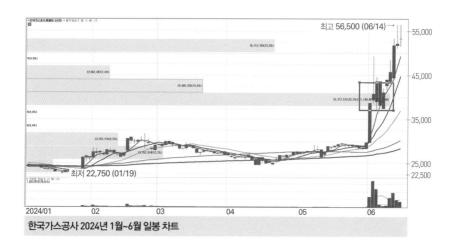

한국가스공사 2024년 1월~6월 일봉 차트

영일만 테마로 묶이기 전 시가총액 3조 5,000억 원으로 시총이 큰 한국가스공사도 정부정책의 1등주로 주가가 폭등하는 흐름을 보였다. 주가가 단기에 급등한 틈을 타서 한국가스공사 임원들의 주식처분이라는 악재도 있었지만 정부테마로 편입된 테마주는 작은 악재는 신경 쓰지 않고 급등하는 모습을 보이는 경우가 많다.

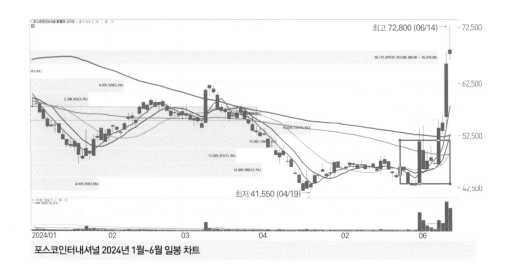

최고 72,800 (06/14)
최저 41,550 (04/19)

포스코인터내셔널 2024년 1월~6월 일봉 차트

　　포스코인터내셔널도 해외에서 탐사권을 획득한 이후 가스전을 발견했다는 이유로 한국가스공사와 함께 영일만 테마주로 묶였다. 두 종목의 특징 모두 시총이 작은 종목이 아닌데도 불구하고 정부 정책 수혜주로 편입되며 엄청난 폭등을 보였다. 그리고 중요한 것은 영일만 앞바다에 가스나 석유가 매장되어 있는지 실제로 확인이 되지 않는 초창기에 주가가 기대감에 먼저 급등했다는 것이다. 이처럼 정부정책으로 묶인 종목은 결과가 중요한 것이 아니다. 정부에서 추진을 한다는 것은 국정 지지도에도 영향을 주기 때문에 반대하는 여론이 있더라도 강하게 추진하는 것이 일반적이다. 정부정책은 결과가 나오기까지 짧게는 1년, 길게는 몇 년이 걸리는 프로젝트가 많다. 그러나 주가는 그전에 기대감으로 먼저 오르기 때문에 정부정책의 성공 여부는 크게 상관없고, 일단 대장주를 찾아 초창기에 선점하는 것이 매우 중요하다.

비중관리 팁

초전도체, 영일만테마, 남북경협주 등 시장에 파급력을 강하게 주는 큰 테마가 나오면 2~3등 주가 아닌 가장 많이 오른 1등주를 집중적으로 공략해야 한다. 어차피 1등주가 조정을 보이면 2~3등주는 더 많이 하락한다. 따라서 1등주를 매수하되 중요한 것은 첫 매수에 처음 생각했 던 비중의 반만 들어가라는 것이다. 예를 들어, 비중 10%로 200만 원을 매수할 예정이었으면 100만 원을 먼저 사고, 다음날 주가가 추가상승이 나올 때 한 번 더 매수한다. 이때 중요한 것 은 물타기보다는 불타기가 더 좋다는 것이다. 첫 매수 후 주가가 올라간다는 것은 이 테마가 식 지 않고 계속 돈이 몰린다는 반증이다. 즉, 자신의 판단이 맞았다는 뜻으로 보고 자신 있게 추 가매수를 해야 한다. 보통 메인테마의 1등주는 적게는 100%, 많으면 1,000~2,000%도 상승 하기 때문에 자신의 첫 매수가에서 2~5% 더 비싸게 불타기하는 것을 두려워해서는 안 된다.

4부

실전투자 전
마지막 열쇠

기준선 설정과 활용방법

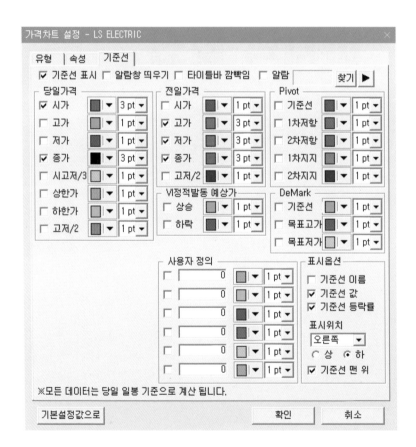

단기 트레이딩에 있어서 전일 종가, 고가, 저가 그리고 당일 시가 등은 굉장히 중요한 가격기준이 된다. 단기 흐름에서 이런 가격은 저항이 되기도 하고 지지가 되기도 하기 때문에 차트에 표시를 해놓으면 직관적으로 확인하여 트레이딩에 활용할 수 있다.

필자는 당일 시가는 빨간색, 당일 종가(현재 움직이고 있는 가격, 즉 현재가를 의미한다)는 검정색, 전일 저가와 고가는 같은 초록색, 전일 종가는 파란색으로 설정했으며, 눈에 잘 띄도록 굵기를 설정했다. 그리고 표시 옵션을 보면 기준선 값, 기준선 등락률, 표시위치는 오른쪽, 기준선은 맨 위로 설정하면 해당 기준선의 가격을 정확히 알수 있다.

전일 고점이 저항라인이 되는 경우

LS ELECTRIC 4월 24일~26일 1분봉 차트

앞의 차트를 보면 당일 시가(빨간선 156,200원)에서 출발한 주가가 전일 전고점에서(초록색 선 160,900원) 저항을 받은 뒤 하락 후 다시 상 승하는 것을 볼 수 있다. 전일 고점이 저항대가 되는 경우로 해당 가격을 재돌파할 때 매수 대상이 된다.

전일 종가가 지지라인이 되는 경우

디아이티 4월 25일~26일 1분봉 차트

시가갭 3%로 상승출발한 주가가 전일 고점(초록색선)에서 조정을 받은 후 12시 이후 전일 종가(파란색선)를 지지한 후 다시 상승 반등 하는 흐름을 확인할 수 있다. 시가가 갭상승 출발한 주가는 기본적 으로 전일 저가보다 높게 출발했다는 의미인데 전일 종가를 터치 했다는 것은 전강후약이 발생했다고 해석할 수 있다. 따라서 거래대금이 터지며 시가갭이 뜬 종목은 전일 종가 지지라인을 잘 확인하며 저가 매수를 해야 한다.

전일 저가가 지지라인이 되는 경우

큐리옥스바이오시스템즈 4월 24일~26일 11분봉 차트

보통 보합 수준에서 출발한 종목이 바로 급등이 나오지 않고 단기 조정을 받는 경우는 전일 최저가격이 지지라인이 되는 경우가 많다.

위 종목도 보합에서 출발한 후 –2.7%까지 하락했지만 전일 저가를 지지하고 다시 상승했다. 일주일 안에 상한가를 보여준 종목이거나 시장 주도주급으로 급등하는 종목인 경우 시장의 많은 단기 트레이더들이 해당 종목을 모니터링하며 매수/매도 대기를 하고 있다. 따라서 이런 기준선을 터치하는 자리가 오면 상당히 높은 확률로 상승/하락이 이루어지기 때문에 많은 연습을 통해 확률을 높여야 한다.

당일 시가가 지지라인이 되는 경우

실리콘투 4월 25일~26일 1분봉차트

보합에서 출발한 종목이 상승 후 조정을 받을 때 시가까지 다시 내려온다면 그 자리는 지지라인으로 저가매수를 해볼 수 있다. 그리고 보합으로 시작(전일 종가와 당일 시가의 가격이 같을 때)한 종목이라면 더욱 강력한 지지라인이 되므로 확률 높은 매매를 할 수 있다.

전일 종가가 저항대가 되는 경우

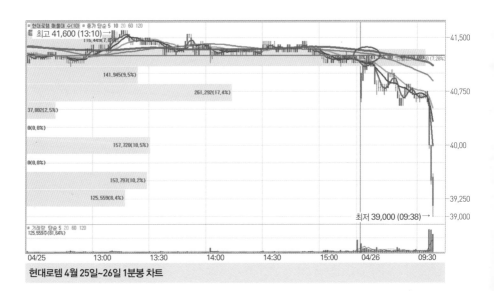

현대로템 4월 25일~26일 1분봉 차트

주도주급으로 상승했던 종목이 하락 출발하는 경우 시장의 트레이더들은 저가 매수를 통해 수익을 노린다. 그러나 전일 종가가 저항대가 되어 이 자리를 넘지 못하는 경우 일봉상 플러스 전환에 실패하고 실망 매물이 빠르게 쏟아지며 주가는 추가 급락을 하게 된다. 보통 보합 수준에서 출발한 종목이 바로 급등이 나오지 않고 단기 조정을 받는 경우 전일 최저가격이 지지라인이 되는 경우가 많다.

위 종목도 보합에서 출발 후 −2.7%까지 하락했지만 전일 저가를 지지하고 다시 상승하였다. 일주일 안에 상한가를 보여준 종목이거나 시장 주도주 급등으로 갑자기 상승하는 종목인 경우 시장의 많은 단기 트레이더들이 해당 종목을 모니터링하며 매수·매도 대기를 하고 있다. 따라서 이런 기준선을 터치하는 자리가 오면 상당히 높은 확률로 상승·하락이 이루어지기 때문에 많은 연습을 통해 확률을 높여야 한다.

뇌동매매 충동매매 줄이는 방법

뇌동매매란 계획에 따른 이성적 매매가 아닌 감정이 앞서는 충동적인 매매를 뜻한다. 주식시장의 큰손들은 개인투자자들이 충동적으로 매수 버튼을 누르거나 또는 매도 버튼을 누르기를 유도한다. 그렇게 해야만 그들이 원하는 대로 주가를 끌고 갈 수 있기 때문이다. 인생을 살면서 급한 마음으로 결정을 내리면 뒤늦은 후회를 하는 경우가 매우 많다. 주식시장은 이런 결정이 후회로 끝나지 않고 계좌손실에 바로 반영되는 아주 냉정한 세계다. 그렇기 때문에 언제나 뇌동매매, 충동매매를 할 수 있다고 인식하고 계속 경계해야 한다.

오전 뉴스에 따른 충동매매

전일 장 마감 후나 장전 해당 종목에 강한 호재성 뉴스가 발생하면 투자자들은 장 시작 전부터 해당 종목을 매수하기 위해 마음이 조급해진다. 이것은 시작하자마자 해당 종목이 급등해서 저가에 매수하지 못하면 수익을 낼 수 있는 기회를 날려버릴 것이라는 심리에서 나온다. 하지만 냉정하게 생각을 해보자. 우리가 생각하지 못한 종목에서 큰 호재가 발생한다면 과연 기관이나 외국인 또는 그 종목에 대해서 잘 알고 있는 특수 관계인도 허겁지겁 매수를 할까? 절대 아니다.

뉴스를 보고 나서 뒤도 안 돌아보고 매수 버튼을 누르는 주체는 기관이나 외국인도 아니고 세력도 아닌 개인들밖에 없다. 물론 개인투자자들의 매수 수급으로도 주가가 단기로 급등할 수는 있겠지만 과연 천 명, 만 명의 개인들이 다함께 연락해서 일사분란하게 움직이는 것이 가능할까? 절대 아니다. 수많은 개인투자자들의 생각이 모두 다르기 때문이다. 그래서 개인투자자들의 수급은 뭉쳐지지 않는 모래라고 하는 것이다. 이런 개인투자자들의 수급은 순간적인 단기 급등은 만들 수 있겠지만 추세 우상향을 만들어내긴 어렵다. 잠깐 10초간의 급등을 하고 그 뒤로 크게 빠질 가능성이 매우 많다는 뜻이다.

만약 해당 재료가 정말 기관이나 외국인 세력들도 그전부터 알지 못한 신선하고 좋은 재료라면, 그 종목은 개인들을 모두 싣고 같이 가기보다 충분히 흔들고 개인투자자들에게 물량을 가져온 후 급등시킬 것이다. 즉, 주가 흔들기가 반드시 들어가고 앞에서 배운 눌림 타점이 나오게 된다. 따라서 아침에 지금 아니면 안 될 것 같은 마음으로 시가배팅이나 무지성 양봉매수를 하지 말고 충분히 내용을 확인한 후 천천히 들어가는 것이 좋다. 누구나 다 아는 호재는 이미 선반영일 수 있다.

오전 급등 충동매매

아침에 수급이 몰리며 갭이 크게 뜨거나 바로 조정 없이 급등하는 경우도 충동매매를 불러일으키기 딱 좋다. 이것도 만약 지금 당장 매수하지 못하면 나만 소외될 것 같은 일종의 포모증후군에서 나오는 행위다. 하지만 항상 결과는 어떠한가? 계속 분봉상 양봉만 그리며 급등할 것 같은 종목이 내가 사기만 하면 그때부터 호가창이 느려지거나 하락전환이 된다. 정확히 고점에서 매수하게 되는 것이다. 이런 경우가 반복되면 투자자들은 내 계좌를 세력들이 보고 있나 하는 음모론에 빠지게 되는데 당연히 그런 일은 없다.

이런 현상은 해당 자리에서 본인 혼자 매수하는 것이 아닌 본인처럼 급한 마음을 가진 모니터 너머 수많은 사람들이 같이 사게 되고, 그들은 보통 초보투자자이기 때문에 그 자리에서 세력, 주포, 메이저 수급은 빠져나간다는 것이다. 즉, 큰손에서 다수의 마음 급한 투자자들의 손바뀜이 일어나는 것이다. 내가 마음 급하게 매수한 타점을 나만 매수한다고 생각하지 마라. 시장에는 나와 같이 마음 급한 수많은 개인투자자가 같은 타점에서 매수한다. 주식은 결국 소수가 다수의 자금을 가져오는 게임인데 이런 대중에 속하는 평범한 심리로는 절대 이길 수 없다는 것이다.

그럼 양봉에서 마음 급한 투자자가 매수 버튼을 누를 때 빠져나가는 사람들은 누구일까? 첫 번째로 전일 종가배팅을 한 사람들이다. 그 사람들은 전일 종가배팅으로 끌고 온 종목을 다음날 변동성이 없으면 일단 지켜보는 심리가 강하다. 그런데 주가가 갑자기 급등을 한다면? 당연히 거래량이 터졌다는 뜻이고 그들은 매도 버튼을 눌러 차익을 하게 된다. 여유 있게 기다리는 투자자(종가배팅)와 아침에 마음 급한 투자자(장 시작 후 매수)의 완벽한 손바뀜이다. 냉정하게 말하면 오전 무지성 양봉매수는 전일 종가배팅한 투자자들을 탈출시켜 주는 행위밖에 안 된다. 내 피 같은 돈이 나와 일면식도 없는 사람의 차익실현을 돕는 데 사용되다니 곰곰이 생각해보면 정말 화나는 일이 아닐 수 없다.

두 번째는 기관이나 외국인의 대량 매물이다. 어느 정도 거래량 있는 종목을 매매할 때 개인투자자들의 물량은 보통 한두 호가에서 다 해결이 된다. 주도주급 종목인 경우 한 호가에 1억 원 이상은 충분히 걸려 있기 때문이다. 그런데 몇 십억 원, 몇 백억 원을 보유하고 있는 기관이나 외국인은 사정이 다르다. 만약 30억 원을 매도해야 하는 기관이라면 한 호가에 1억 원씩 걸려 있다 하더라도 한 번에 시장가 매도를 하면 이론적으로 30호가를 밀어버려야 한다. 그럼 주가는 순간적으로 급락하게 되고 보유자 입장에서 큰 손해가 나게 된다.

그럼 그들은 언제 팔아야 최대한 주가에 영향을 안 주고 차익을 실현할 수 있을까? 바로 거래대금이 터질 때 양봉을 그리면서 개인들이 큰 물량을 받아줄 때가 기관이나 외국인이 빠져나가는 타이밍이다. 급등하는 종목은 보통 1분당 거래대금이 10억 원 이상은 터진다. 이때 개인투자자들은 심장을 쿵쾅쿵쾅거리며 매수를 하겠지만, 바로 이때가 보유자들 입장에서는 시세를 훼손하지 않고 빠져나갈 수 있는 완벽한 매도 타점이라는 것을 꼭 명심해야 한다.

장중 특징주 충동매매

단기 트레이더 입장에서 뉴스 특징주 매매도 정말 경계해야 할 대상이다. 보통 일반적인 특징주라고 하면 그날 시장에서 가장 강한 상승을 보이거나 시장에서 주목받는 종목을 말한다. 그러나 일부 중소형 언론사에서 제목에 특징주를 넣고 세계 유일 국내 최초 등 아주 자극적인 단어를 함께 섞어 개인투자자들을 위험에 빠뜨리는 경우가 매우 많다. 물론 해당 기사가 선한 의도로 쓰였다 하더라도 스몰캡 종목, 거래량 없는 종목이 특징주가 붙으며 순간적으로 급등하면 후속 매수세 없이 그대로 급락하는 경우가 많아서 주의해야 한다.

HTS 기사란에 특징주 단어로 검색을 해보면 많은 언론사에서 제목에 특징주를 붙여 기사를 쓴 것을 볼 수 있다. 여기서 화장품주, 커넥트웨이브, 만도 등 해당 재료와 실적으로 급등한 종목을 특징주 주제로 기사를 쓰는 것이 가장 일반적인 형태다. 이 종목들이 말 그대로 당일 특징적인 움직임을 보였기 때문이다. 개인투자자들이 보통 당하는 것은 다음과 같은 형식의 기사다.

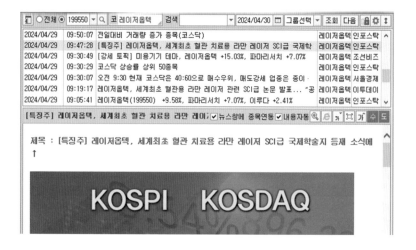

특정한 사진이나 구체적인 내용 없이 제목에 특징주, 세계 최초, 국제학술지 등이 들어간 자극적인 기사다. 기사 내용만 보면 해당 기사가 나간 후 지금 당장 급등할 것 같은 느낌이 든다. 마음이 급한 투자자들은 이런 기사에 대해 생각할 겨를도 없이 바로 매수 버튼을 누른다. 내가 매수하지 못했는데 주가가 빠르게 급등하면 후회할 것이라는 심리가 밑바탕에 깔려 있기 때문이다. 자, 그럼 주가는 어떻게 되었을까? 기사가 나간 9시 47분을 기억하자.

최고 10,710 (09:27)

←최저 8,950 (09:00)

04/26 2024/04/29(월) 09:15:00 11:00 13:00 15:00

레이저옵텍 2024년 4월 29일 1분봉 차트

　주가는 기사가 HTS로 송출된 바로 9시 47분~48분을 최고점으로 하루 종일 하락했다. 만약 이 기사를 보고 기관 및 외국인의 매수가 들어왔다면 주가는 상승 쪽으로 방향을 잡았을 것이다. 그러나 이 기사가 나가자마자 주가가 하루 종일 반등 없이 하락했다는 것은 개인 매수가 들어올 때 기관이나 외국인 또는 큰손 중 누군가가 매도를 하며 손바뀜이 일어났다는 반증이다. 물론 며칠 후 새로운 재료가 나오거나 충분히 급락한 후 재상승할 수는 있지만 뉴스로 인한 단기 급락은 자명한 사실이다.

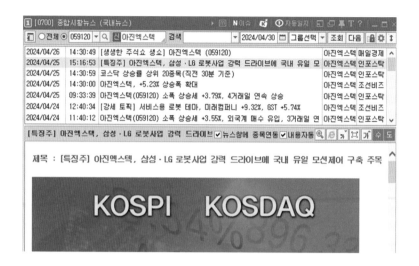

이 기사도 보면 특징주, 그리고 제목에 국내 유일이라는 말이
들어갔다. 그리고 국내에서 누구나 알아주는 대기업인 삼성, LG 등
의 키워드도 들어갔다. 제목만 놓고 보면 마찬가지로 지금 당장 매
수를 하지 않으면 안 될 것 같다. 그럼 주가는 어떻게 되었을까?

그렇다. 앞 차트에서 동그라미로 표시한 자리가 정확히 HTS 기사가 보도된 자리다. 만약 뉴스를 보고 확인 없이 바로 매수를 했다면 다음날까지 큰 손실을 봤을 것이다.

이런 특징주 기사는 오전보다 오후에 많이 나오는 경향이 있는데 이유는 오전 9~10시에는 시장의 주도주, 우량주에 대부분의 돈이 몰려 그 시간에 특징주 기사를 내도 주목받지 못하기 때문이다. 그래서 보통 10시 이후 또는 오후에 기사를 내는 경우가 많다. 주도주들이 소강상태인 시간대이며 오전에 매매를 통해 손실 난 트레이더들이 손실을 만회하려고 조급한 마음에 오후에 무리해서 매매하는 시간대이기도 하다. 오전에 손실이 나면 차분한 마음으로 다음날부터 차근차근 만회를 하면 되는데 이미 손실을 만회하기 위한 심리적 압박으로 인해 이성적 판단이 흐려지기 시작한다. 이때 위에서 언급한 자극적인 기사가 나오면 사실 확인 없이 바로 매수 버튼을 누른다. 한방에 복구하기 위한 심리다. 이에 따른 결과는 경험이 있는 트레이더라면 언급하지 않아도 다 알 것이다.

유튜브 SNS 추천주 몰빵매매

장중 큰 손실이 난 투자자의 경우 만회해야 하는 조급함과 손실에 따른 패배감과 무력감이 같이 온다. 이런 상황에서 초보투자자들은 누군가에게 도움을 받고 싶고 기대고 싶어하는 경향이 있는데, 이때 유튜브나 SNS매체에서 자극적인 문구와 함께 종목을 추천하면 한 번 믿어보자는 심리로 몰빵매매를 하게 된다. 즉, 자신만의 기준이 없어지는 것이다. 공개적으로 오픈되는 종목은 참고 정도로 활용하면 된다. 그것이 내 인생을 완전히 바꿔주지는 않는다. 오픈된 마인드도 중요하지만 자신만의 기준이 없다면 냉정한 주식시장에서 항상 약자의 위치에 서게 된다.

수익기억이 좋은 종목 재매수

오전 매매에서 한번 수익을 주었거나 며칠 전 나에게 수익을 안겨주어 좋은 기억이 있는 종목은 아무래도 눈길이 가고 더 좋아 보이기 마련이다. 그러나 이것 또한 사람의 선입견이 들어간 위험한 상황으로 본다. 과거에 한번 수익을 주었다고 해서 이번 매수가 또 다시 수익을 준다는 보장은 어디에도 없다. 이 종목은 나와 잘 맞는다는 생각으로 매수 후 손실을 보고 있는데도 어떻게든 수익을 내고 빠져나오겠다고 매도 타점을 놓치고 물타기를 반복하면, 전에 가져왔던 수익의 몇 배를 다시 토해내는 상황이 발생한다. 과거의 기억으로 객관적인 판단 능력을 잃은 것이다. 이것도 투자자들이 가장 많이 하는 실수 중 하나다. 한번 수익을 낸 종목의 재매수는 다른 종목 신규매수보다 훨씬 더 신중해야 한다. 특히 매수 후 수익을 내고 차익실현을 했는데 갑자기 급등하는 경우 방금했던 차익실현의 행동을 만회하기 위한 조급한 매수는 거의 열에 아홉은 실패로 돌아가게 된다. 꼭 명심하기 바란다.

수익 이후 손실전환 상황

투자자들의 심리를 무너뜨리는 또 하나의 상황 중 하나는 수익이 발생하고 차익실현 기회를 엿보고 있었는데 주가가 갑자기 하락하면서 손실전환을 했을 때다. 원금 1,000만 원으로 단타를 해서 평가손익이 +100만 원 찍히고 있었는데 점점 줄더니 -10만 원이 되었다. 이때 10만 원은 내 원금의 1/100이다. 즉, -1% 정도 손실인 것이다. 그러나 투자자들의 심리적 원금은 첫 1,000만 원 원금에 수익금 +100만 원을 더해 1,100만 원이며 여기에서 -110만 원이 되었다고 생각한다. 원금 대비 -10%라는 엄청난 손해를 봤다고 믿는 것이다.

수익을 보고 있는 종목이 재료도 좋고 내용도 좋고 차트도 좋아 충분히 더 수익을 줄 수 있을 것이라는 믿음에 차익을 안 하다가 이렇게 손실이 나는 경우, 심리적 충격이 심해서 분명 손절을 해야 하는 자리인데 손절하지 못한다. 그리고 다시 그 종목에서 +100만 원을 찾을 때까지 홀딩하거나 아니면 더 비중을 태워서 스스로 감당할 수 없는 늪에 빠지게 된다. 원칙을 어긴 것이다. 주식에서 100%는 없기 때문에 아무리 좋아 보이는 완벽한 종목도 내 생각대로 움직이지 않을 수 있다. 항상 평정심을 유지해야 충동매매, 뇌동매매에 빠지지 않게 된다.

지인의 훈수로 인한 충동매매

매매 원칙이 없는 사람일수록 타인의 훈수에 영향을 받는 경향이 있다. 혼자 주식하는 것이 외로워서 보통 주식을 하는 지인들끼리 단톡방을 만들거나 사무실을 함께 쓰면서 논의를 하며 주식을 함께 한다. 필자는 이것도 비추천한다. 물론 지인과 함께 한다는 것은 외로움을 달래줄 수 있지만 결국 주식은 스스로 외로움을 이겨내고 답을 찾아야 한다. 외로움의 무게를 견딜 수 없으면 주식에서 성공하기 쉽지 않다. 그 지인이 나보다 훨씬 주식을 잘하는 사람으로 나를 이끌어가는 것이라면 이야기가 다르겠지만 비슷한 실력을 가진 사람들끼리 모여서 훈수를 둔다는 것은 사실 발전가능성이 별로 없다. 타인의 강한 주장으로 스스로 생각이 마비되어 매수를 하는 거라면 결과에 상관없이 충동매매라는 것을 명심하자.

실시간 조회 종목 순위 충동매매

충동매매를 하게 되는 가장 대표적인 화면이 바로 실시간 조회 종목 순위다. 여기에 최상위권으로 올라오는 종목은 당연히 주가가 급등하거나 또는 급락하는 종목으로 많은 투자자들의 관심을 받고 있는 상황이다. 그러나 이 종목들로 종목 선정을 하면 수익보다 손실 날 확률이 높다. 그 이유는 첫 번째로 실시간 조회종목 순위가 사실은 진짜 실시간이 아니라는 것이다. 실시간 조회종목 순위는 투자자들이 많이 검색하는 순으로 데이터를 모아 보여주는데 이 데이터는 정말 실시간으로 집계되는 것이 아니라 30초마다 집계가 된다는 것이다. 스켈핑 단타를 많이 해본 투자자라면 알겠지만 30초라는 시간은 1~10% 이상까지 변동성을 줄 수 있는 굉장히 긴 시간이다. 즉, 실시간 검색어 최상위에 노출된다면 30초 동안 이미 주가가 바닥에서 분봉으로 오를 만큼 오른 상황일 수 있다.

　이런 주식을 실시간 검색어 최상위에 올랐다고 매수하는 것은 고점에서 무지함으로 매매하는 불나방과 같다는 의미다. 또한 실시간 순위도 기관이나 외국인이 아닌 개인이 만든다는 것을 알아야 한다. 예를 들어, 1,000억 원을 운용하는 펀드매니저가 A종목을 적극적으로 매수하기 위해 HTS에 A종목을 검색하고, 평균 한 종목으로 투자 비중이 100만 원~300만 원인 1,000명의 개인투자자들이 B종목을 검색했다고 하자. 그렇다면 실시간 검색에는 A종목은 뜨지 않고 B종목만 순간적으로 최상단으로 올라가게 된다. 자금의 규모는 펀드매니저가 더 많지만 1명이고, 개인은 적은 자금을 가지고 있지만 절대 다수이기 때문이다.

이처럼 실시간 검색의 경우 개인 수급이 중심이라는 것을 알아야 한다. 물론 개인 수급도 일시적으로 뉴스 등에 의해 집중되면 순간적으로 주가가 급등할 수 있다. 그러나 개인의 수급은 모래알 같으므로 지속가능성이 낮기 때문에 주의가 필요하다. 그리고 기관이나 외국인 입장에서 밑에서 주식을 매집한 후 위에서 차익실현을 하기 위해 분봉상 슈팅을 의도적으로 만들어 개인들의 관심을 끌게 하고, 이 종목이 실시간 검색에 올라가면 더 많은 개인투자자들을 불러모아 물량을 넘기는 상황도 심심치 않게 벌어진다.

외워서 바로 써먹는 단타 공식

비중관리와 자금관리 방법

단타매매 시작 금액

보통 단기 주식투자를 시작하는 이유는 부동산보다 현금화가 쉽고 빠르게 원하는 결과를 내기 위해서다. 주식투자를 시작하고 10년 후에 의미 있는 결과가 나온다고 말하면 차라리 그 시간이면 부동산을 하지 왜 주식을 하냐고 반문할 수도 있다. 많은 사람들이 이런 이유로 아직 본인의 성향이나 매매 기준이 확립되지 않은 상태에서 본인이 가진 모든 자금을 투자해서 주식을 시작한다. 하지만 단기투자에서 이는 매우 위험한 결과를 낳는다.

직설적으로 말해 당신이 처음 단타를 시작하는 사람이라면 당신이 계좌에 넣어놓은 예수금은 빠르면 한 달, 길게는 수개월 안에 모두 사라질 가능성이 높다. 이는 삼성전자에 전 재산을 넣어 놓는 것과는 다른 개념이다. 삼성전자에 몰빵을 하면 삼성전자가 망하지 않는 한 원금이 모두 사라질 일이 없지만, 단타는 수수료＋세금 그리고 여러 번의 손절로 계좌 반 토막이 하루 만에 가능하다. 특히 여기에 신용미수까지 쓴다면 며칠 안으로 계좌에 들어 있는 돈이 1억 원이든 1,000만 원이든 모두 사라지고 만다.

자, 냉정하게 생각해보자. 단기매매도 기술이다. 따라서 이 기술을 익히기 위해 반드시 연습이 필요하다. 당신이 심장수술을 하는 의사라면 책 몇 권을 읽고 연습도 없이 수술실에 들어가서 환자를 성공적으로 살리는 것이 과연 가능할까? 단타도 마찬가지다. 이론뿐만 아니라 실전감각을 익히기 위해 수많은 연습이 필요하다. 그런 연습과정에서 깡통 계좌가 여러 번 생길 수 있다. 연습자금이 1억 원이든 100만 원이든 깡통 계좌가 되는 것은 다 똑같다. 그렇기 때문에 처음부터 비싼 수업료를 낼 필요가 없다.

그럼 모의투자나 예수금 10만 원 미만으로 시작해보자고 생각할 수도 있는데, 경험상 모의투자는 수익이나 손실이 났을 때 감정에 아무런 변화도 없어서 실전성이 떨어진다. 그리고 10만 원 미만의 돈으로 매매하는 것도 수익이든 손실이든 심리적 동요가 없어 권하지 않는다. 수익과 손실이 났을 때 내 재산 상태에 큰 영향을 주지 않고 어느 정도 신경이 쓰이는 금액이 100만 원이라고 생각한다. 이 글을 읽는 독자의 한 달 수입의 1/2이나 1/3 정도가 좋다. 본인의 실력을 생각하지 않고 시작하자마자 큰돈을 벌고 싶어 무리한 금액으로 매매하는 것도 다 급한 마음과 자기 객관화의 부재에서 시작된다. 첫 시작은 반드시 3번 정도 예수금이 바닥 나도 본인 생활에 지장이 없을 정도의 금액으로 시작해야 한다.

신용미수 관리하기

신용미수를 과연 사용해야 하는가? 이 질문에 대한 답은 아직도 많은 투자자들 사이에서 논쟁거리다. 레버리지는 때때로 적절히 사용하면 아주 높은 수익률을 통해 목표에 빨리 도달할 수 있게 해주는 고마운 방법이다. 부동산을 예로 들어보자. 앞으로 대세 상승장이 될 거라고 예측한 두 명의 부동산 투자자가 있다. 한 사람은 원금 10억 원으로 서울의 아파트를 대출 없이 매수했고, 3년 후 이 아파트는 20억 원이 되어 10억 원을 벌었다. 원금 대비 100% 수익이다. 또 다른 사람은 전세금 9억 원에 원금 1억 원을 주고 아파트 하나를 구매하는 방법으로 갭투자를 통해 10억 원으로 총 10채를 구매했고, 마찬가지로 아파트값이 20억 원이 되면서 총 200억 원. 원금 10억 원으로 전세금 90억 원을 제외해도 100억 원을 벌었다. 물론 세금도 많이 나오겠지만 레버리지의 개념을 이해하기 위한 것이니 단순하게 생각해보자.

자, 이렇게만 본다면 모든 투자는 레버리지를 사용해야 된다고 결론내릴 수 있다. 한 명은 10억 원, 한 명은 100억 원 같은 상승장을 예측했지만, 레버리지에 따라 엄청난 평가손익 차이가 발생했다. 그러나 만약 내 예상이 빗나가서 3년의 하락기 이후 상승장에 왔다면? 결과는 완전히 달라진다. 처음 현금만으로 투자한 사람은 1~2년의 하락기에도 버틸 수 있지만 전세(레버리지)를 끼고 아파트를 매수한 투자자는 하락 구간을 버티지 못하고 아파트를 헐값에 처분했거나 파산을 했을 가능성이 높다.

이것도 나중에 상승장이 온다는 가정이다. 주식투자는 부동산보다 레버리지 매매가 더 어려운데 바로 순간 판단력(심리)에 영향을 주기 때문이다. 그나마 부동산은 전세든 은행대출이든 일단 받으면 몇 년을 끌고 가면서 대응 계획을 세울 수 있지만 신용미수를 통한 단타매매는 매수하는 순간 내 원금의 2배~5배까지 투자자금이 늘어나기 때문에 순간 판단력이 마비될 수 있다. 그래서 -1% 정도 떨어지더라도 버틸 수 있는 구간도 손실이 갑자기 확대될 것이 두려워 충동적으로 손절해버리거나, 반대로 5~10% 수익 낼 수 있는 구간도 1%만 수익이 나면 다시 떨어질 것이라는 두려움에 짧은 차익실현을 하게 된다. 그리고 주가는 약속이나 한 듯이 크게 급등한다. 주식에서 레버리지는 이렇게 나의 심리에 절대적인 영향을 주게 된다.

내가 1,000만 원으로 마음 편하게 매매해서 10% 수익구간을 견뎌 100만 원의 수익을 낼 수 있더라도 레버리지를 사용해서 원금 1,000＋미수 1,000을 사용하면 이미 매수할 때부터 심리에서 지게 되어 2%, 3% 수익을 내는 정도에서 판다는 말이다. 2,000만 원에 40~60만 원 수익이다. 그리고 레버리지를 사용하면 손절 판단도 잘 못하게 된다. 자기 돈 1,000만 원으로 매수했을 때는 -2% 구간에서 냉정하게 판단한 후 손절을 할 가능성이 높지만, 레버리지를 사용하여 2,000만 원을 매수했을 때는 -2% 구간이 오면 손실금이 본인이 생각하는 것보다 커서 당황하게 되며 이는 손절을 미루는 결정으로 이어진다. 이후 주가는 더 떨어져서 -5%가 되면 이미 원금의 -5%가 아니라 -10%가 날아가는 상황이 된다. 이처럼 본인이 감당하기 어려운 레버리지 매수는 '수익을 짧게 손실은 길게'의 원인이 되므로 반드시 주의가 필요하다.

주식을 처음 시작하는 사람들은 신용미수는 권하지 않는다. 처음부터 빨리 돈을 벌고 싶겠지만 그렇기 때문에 더더욱 쓰면 안 된다. 신용미수는 레버리지를 일으켜도 심리가 흔들리지 않는 중수 트레이더 이상의 경우에만 권한다. 현금만 가지고 매매해도 수익이 안 나는데 신용미수로 인한 심리적 압박을 받으면 돈은 빠른 속도로 사라진다. 주식은 심리가 절반이다. 그리고 매매를 하면서 미수를 쓰지 말자고 결심해도, 오전에 손실이 나면 복구 생각에 충동적으로 레버리지를 크게 일으켜 미수 몰빵으로 한방에 복구하고 싶은 생각이 든다. 이것은 사람이기 때문에 어쩔 수 없는 일이다.

이런 충동매매를 막기 위해서는 증권사에서 전화를 해서 미수 거래를 막아 달라고 하면 된다. 물리적으로 미수 몰빵을 막는 방법이다. 금연 중인 사람 집이나 사무실 책상에 늘 담배가 보이면 금연에 성공할 수 있을까? 괴로운 일이 발생하면 담배부터 손댈 것이다. 그러나 담배를 살 수 있는 편의점이 물리적으로 아주 멀리 있다면? 담배를 사러가기 귀찮아서라도 금연에 성공할 가능성이 조금 더 높아진다. 전화로 신용미수를 막는 것도 마찬가지다. 내가 갑자기 충동적으로 신용미수 거래를 하고 싶어도 일단 물리적으로 막아 놓으면 신용미수를 다시 풀기 위해서라도 고객센터에 전화하면서 한 번 더 생각하게 된다. 이런 노력을 하는 과정에서 점점 안 좋은 습관을 고쳐 나가야 한다.

빌린 돈으로 시작하기

주식투자가 너무 하고 싶은데 현재 가진 돈이 없어 부모님이나 카드론 신용대출을 받아 주식을 시작하는 사람도 있다. 이것도 결과는 뻔하다. 내가 가진 현금으로 시작해도 일단 실력과 심리가 뒷받침되지 않아 고생하는데 타인의 돈으로 시작하면 매달 갚아야 하는 압박감에 정상적인 판단을 할 수 없게 된다. 간혹 주식투자 성공 스토리를 보면 지인들의 돈을 끌어다가 마지막으로 도전해서 성공했다는 이야기가 있는데 이것은 그동안 수많은 실패과 성공을 해본 투자자가 실수로 전 재산을 잃은 뒤 다시 재기하는 경우다. 실력 없이 남의 돈으로 시작하는 것과 차원이 다르다. 절대로 갚아야 하는 돈과 매달 빠져 나가야 하는 돈으로 주식투자를 해서는 절대 안 된다.

전업 vs 고정수입

단기매매로 한두 달 수익이 나기 시작하거나 내가 받는 월급보다 한 달 수익이 더 많아지면 이제 직장 또는 사업을 그만하고 주식투자만 해볼까 생각하게 된다. 그러나 필자는 아직 확실하게 실력이 검증되지 않은 상황에서 시작하는 전업은 적극적으로 말리고 싶다. 특히 결혼을 해서 가정이 있는 사람이라면 전업은 매우 신중히 결정해야 한다. 일단 100% 전업을 하게 되면 오직 단타 수익으로 매달 생활비와 그 이상의 수익금을 충당해야 하는데 가정이 있다면 한 달에 기본 2~300만 원은 고정 비용으로 나가게 된다. 즉, 시장이 좋든 안 좋든 매달 수익금에서 300만 원은 출금을 해야 한다는 것이다.

그 달에 주식으로 200만 원 벌게 되어도 지출을 생각하면 예수금이 줄어드는 결과를 가져오게 되고, 이것은 투자자의 심리에 영향을 주게 된다. 또한 하락장이 지속될 경우 상승장보다 수익 내기가 훨씬 어려워지고 수익금도 줄어들게 된다. 지수 안에 섹터 있고 섹터 안에 종목 있다. 아무리 실력이 뛰어나도 상승장과 하락장에서 변동 없이 일정한 수익을 내기는 현실적으로 어렵다. 보통 100% 전업을 생각하는 시기는 보통 몇 달 동안 시장이 좋은 상승장일 때다. 그래서 그 상승장이 계속될 것으로 생각하는 것이다.

하지만 현실은 그렇지 않다. 단타에 소질도 있고 이 분야에 인생을 걸고 싶은데 현재 다니고 있는 직장이나 사업이 구조적으로 장중매매를 할 수 없는 상황이라면, 주식 매매를 하기 좋은 환경으로 직장을 옮기거나 아니면 오후에 할 수 있는 아르바이트라도 찾아서 고정수입을 만드는 것이 좋다. 단기매매를 좀 하다 보면 사실 10만 원이라는 돈은 상당히 가볍게 생각하게 된다. 이때 노동을 통해 하루 10만 원이라도 벌어보면 10만 원의 가치가 얼마나 소중한지 느낄 수 있고 매매도 오히려 신중해질 수 있다.

그렇다면 완전한 전업을 하려면 자본금이 얼마나 있어야 할까? 일단 최소 2년치 생활비와 어느 정도의 여유자금은 마련해놓고 시작하라고 권하고 싶다. 한 달에 300만 원의 고정비가 들어간다면 일 년에 3,600만 원, 2년이면 7,200만 원이다. 그리고 인생은 계획대로 되지 않는다. 중간 중간 이사나 경조사 등 큰돈이 들어가는 경우도 있기 때문에 생활비로 인한 심리적 영향을 받지 않기 위해서는 반드시 여유자금을 따로 빼놓고 시작해야 한다. 가정이 있다면 3,000만 원으로 전업을 한다고 했을 때 2년치 생활비와 여유자금 7,200만 원을 더해 1억 원 정도의 현금은 있어야 안정적으로 시작할 수 있다. 소액으로 큰돈을 벌려고 시작하는 건데 너무 처음부터 돈이 많이 든다고 생각할 수도 있다. 그러나 카페 치킨집을 창업해도 기본 1~2억 원 이상은 우습게 들어가고, 하루에 12시간 이상 노동을 해야 한다는 것을 생각해라.

주식도 사업이다. 그리고 잘하면 하루에 1~2시간만 일하면 된다는 장점이 있다. 부모님 집에서 용돈을 받으며 생활하는 20대라면 사실상 생활비가 거의 들지 않기 때문에 저녁 배달이나 아르바이트 정도를 하며 500~1,000만 원으로도 전업투자를 시작할 수 있다.

주식을 잘하기 위한 생각

나는 어떤 사람인가?

처음 단기매매를 시작하면서 나는 어떤 사람인지 심오하게 생각하는 사람은 거의 없다. 이 책을 읽는 사람들도 주식하면서 철학까지 공부해야 하냐고 생각할 수 있는데 자기 자신이 어떤 사람인지 정확히 파악할수록 성공으로 가는 길이 빨라진다고 자신한다. 만약 운전을 하는 중에 옆의 차가 깜박이도 켜지 않고 갑자기 끼어들며 사고가 날 뻔했다. 이때 당신의 반응은 혼자서 욕을 하고 넘어갈 수도 있고, 창문을 열어 옆차 운전자를 한번 째려볼 수도 있고, 아니면 도저히 화가 안 풀려 본인이 목적지를 잊고 나를 화나게 한 차를 끝까지 쫓아가서 싸움을 걸 수도 있다. 사람이 신이 아닌 이상 갑자기 끼어드는 차량에 사고가 날 뻔하면 화가 나는 것은 당연하다. 하지만 그에 따른 대처 방식은 다 제각각이다. 주식시장은 본인의 성격이 그대로 돈으로 표현되는 곳이다.

오전에 수익을 낼 수 있는 절호의 기회에 친한 친구에게 전화가 와서 차익실현이 늦어졌고 오히려 손실로 매도가 되었다고 하자.

자, 이 상황에서 당신이 할 수 있는 행동은 여러가지다. 먼저 생각할 수 있는 행동은 이거다. 눈앞에 돈이 있었다가 없어졌으니 도저히 열 받아서 지금 상황을 인정하지 못해 또 다른 종목을 찾아 감정적으로 매매하게 된다. 원칙과 기준 없는 감정적인 매매의 결과는? 안 봐도 뻔하다. 또 다른 행동은 이거다. 일단 나의 실력이 아닌 외부 요인으로 수익 기회를 놓친 것은 너무나 아쉽지만 이미 지나간 것이니 마음을 가다듬고 다시 시장을 바라본다. 그리고 이후에 내 원칙에 맞는 종목이 없으면 매매를 쉰다. 둘 다 경력과 주식을 보는 관점이 비슷하다고 해도, 전자와 같은 행동을 하는 이들은 주식시장에서 성공할 가능성이 낮다. 10번 잘하다가 감정적인 매매를 딱 한 번 해도 결국 제자리에 머물게 된다. 후자의 경우 실력과 심법까지 유리한 상황을 만들어 성공 가능성이 훨씬 높아진다.

당신은 어느 성격을 가지고 있는가? 순간순간의 감정에 대해 스스로 마인드컨트롤을 할 수 있는 준비가 되었는가? 단기매매는 장기투자보다 훨씬 더 심리의 영향을 많이 받게 된다. 따라서 본인이 어떤 성향을 가지고 있는지 과연 그 성격을 노력을 통해 바꿀 수 있는지 잘 생각해봐야 한다.

복기를 해야 하는 이유

복기의 사전적 의미는 한번 두었던 바둑(장기 체스)의 판국을 다시 검토하기 위하여 두었던 대로 다시 처음부터 놓아보는 것이다. 즉,

주식보다 바둑 등에서 먼저 사용된 용어다. 바둑의 역사는 약 4,000년 전까지 올라가는데 그때도 복기의 중요성을 알고 있었다. 국내 최고의 바둑기사로 이름을 날린 이들은, 하나같이 대국이 끝난 후 온몸에 힘이 빠지고 정신적인 스트레스르 많이 받아도 반드시 복기는 했다고 한다. 특히 이세돌의 경우 본인이 패배한 대결에서는 대국이 끝난 후 상대 선수를 붙잡고 끊임없이 질문을 퍼부으며 복기를 하는 것으로 유명하다. 일반적인 사람이라면 나에게 패배를 안겨준 상대선수 얼굴을 쳐다도 보기 싫을 텐데 그와 몇 시간 동안 패배의 원인을 분석했기에 정상에 올랐다. 이창호도 20세 성인이 되기 전부터 큰 대국에서 패배하면 울음을 참고 집으로 와 몇 시간을 다시 복기했다고 한다. 한국, 일본, 중국 등 정상급 바둑기사들은 복기를 할 때 본인의 자존심 따위는 바닥에 내려놓고 본인에게 뼈아픈 패배를 안겨준 상대 선수를 붙잡고 몇 시간 동안 복기를 하는 경우가 많다. 그렇게 했기 때문에 진 대국에서도 배움을 얻고 한 단계 발전하며 계속 성장하는 것이다.

그런데 일반 단기 투자자들은 어떤가? 수익이 크게 난 날은 수익금을 친구들에게 보여주며 수익 난 타점을 캡처해서 자랑하다가도, 손실이 크게 났을 때는 계좌와 타점을 쳐다보는 것조차 고통스러워 잠을 자거나 그냥 외면하는 경우가 많다. 고통을 겪기 싫고 나에게 괴로움을 주는 것은 피하고 싶은 것이 사람의 본성이다. 단기매매를 하는 80~90%의 평범한 사람들은 복기를 안 한다. 한다고 해도 수익 날 때만 하는 경향이 있다.

주식시장에서는 평범하면 살아남기 힘들다. 매매를 오래하다 보면 자신의 안 좋은 습관 때문에 타점에서 늘 손실이 난다. 수익이 나는 경우도 늘 같은 자리, 같은 매매에서 발생한다. 그럼 수익이 나는 상황을 더 자주 만들고 손실이 나는 상황을 제한한다면? 계좌는 우상향할 수밖에 없다. 복기는 자기 자신을 제3자의 눈으로 정확히 보게 하는 최고의 행위다. 계좌의 손실이 크게 발생한 날일수록 더욱 철저하게 복기를 하고, 내일부터는 그 행위를 하지 않아야 조금이라도 발전된 나를 기대할 수 있다. 나에게 고통을 주는 부위에 스스로 칼을 넣어서 상처를 손질하고 마무리 지어야 한다. 복기는 그만큼 어렵지만 반드시 해야 하는 것이다.

카지노와 주식

TV나 SNS에서 우연히 카지노에 왔다가 수억 원을 잃고 삶이 파탄 나는 스토리가 심심치 않게 나온다. 필자와 지인들을 포함해서 주식을 잘하는 사람들 중에 카지노나 포커를 싫어하는 사람은 없지만, TV에서처럼 패가망신하는 사람은 본 적이 없다. 플레이어와 대결하는 홀덤과 달리 바카라, 블랙잭 등에서 확률적으로 플레이어가 이길 수 없다는 것을 그들은 이미 알고 있기 때문이다. 그럼 카지노에서 전 재산을 날리는 사람들의 이유는 무엇일까? 이 질문에 대한 답이 주식에서도 상당히 도움이 된다고 생각한다. 일단 카지노에서 절대적인 매출 비중을 차지하는 바카라를 보면 카지노가 이길 확률이 1% 정도 유리하게 형성되어 있다. 만약 100명의 플레이어가 딱 한번 바카라를 했을 때 51명은 손실을 보고 49명은 돈을 벌 수도 있다는 말이다. 그러나 현실은? 99명이 돈을 잃고 카지노는 매년 엄청난 돈을 쓸어 담는다. 카지노가 이길 확률이 1% 유리한 것에 불과한데 왜 대부분의 도박중독자들이 돈을 잃을까? 확률이 50%를 넘지 않는 배팅도 수백 수천 번 반복되면 결국 0%로 수렴하기 때문이다. 단 1%의 차이가 내가 가진 모든 돈을 사라지게 만들 수 있다.

자, 다시 주식에 대해 이야기해보자. 우리가 주식을 사고파는 것도 카지노처럼 일종의 하우스 엣지가 들어간다. 바로 증권사 수수료와 거래세다. 만약 당신이 A주식을 10,000원에 100만 원어치, 즉 100주를 매수해서 같은 가격인 10,000원에 전량 매도하면 계좌에는 약 998,200원 정도가 남게 될 것이다. 증권거래세와 세금이 자동으로 빠져나가기 때문이다. 앞으로 금투세가 도입되면 점차 증권거래세를 줄인다고 하지만 완전히 없어질지는 미지수다.

따라서 당신이 하고 있는 매매의 확률과 손익비가 50%를 넘지 않는다면 매매를 하면 할수록 계좌가 0으로 수렴된다. 차익실현과 손절을 똑같이 3%로 잡는다고 하면 반드시 손실이 나는 종목보다 수익이 나는 종목의 수가 많아야 한다. 확률을 낮추더라도 손익비가 좋으면 계좌는 우상향하는데, 예를 들어 -1% 손절을 3번 하더라도 1번의 매매에서 5% 이상 수익을 가져가는 경우가 있다. 확률을 최소 51% 이상 높이든지 손익비를 높이든지 계좌가 우상향하려면 이 중 하나는 잡아야 한다. 물론 둘 다 잘하면 금상첨화다. 나에게 확률 높은 자리, 나만의 승리 코드를 만드는 것만이 주식에서 승리할 수 있는 길인 것이다.

10번의 수익 1번의 손실

　매일 조금씩 수익이 발생하다가 한 달에 한두 번 손절로 인해 계좌가 제자리로 돌아오거나 반대로 마이너스가 나는 경우도 있다. 예를 들어, 하루에 100만 원씩 꾸준히 수익을 내다가 말일에 −1,000~2,000만 원씩 손실이 나는 경우다. 처음 한두 번은 실수를 했다고 생각하고 마음을 다잡을 수 있지만 이런 일이 몇 개월 반복되며 계좌가 제자리라면 당사자들은 굉장히 지치게 되고 마음의 병을 얻는다. 이 경우는 얼핏 보면 매매는 잘하는데 우연히 실수를 해서 큰 손해가 난 것처럼 보이지만, 사실 손절할 타이밍에 멈추지 않고 끝까지 버티다가 반등이 나오면 0.5%, 1% 수익을 아주 짧게 내고 매도해서 살아난 경우도 매우 많다는 것이다.

　그런데 이런 매매 방식의 경우 계속 작게 수익을 내다가 결국 한 달에 한두 번 반등 없이 계속 빠지는 종목에 걸려 계좌가 크게 망가지는 것이 문제다. 이런 유형의 투자자들은 매일매일 수익이 조금이라도 확인되어야 직성이 풀린다. 자기만족이 강하거나 매일 수익금을 타인에게 보여주고 싶다는 심리 또는 매일 생활비 압박으로 돈에 쫓기는 사람들에게 자주 나타나는 행위다. 원칙을 지켜서 매매를 하더라도 손실이 발생하는 날이 있을 수 있다. 시장이 안 맞아 손실이 발생하더라도 결국 수익금은 쌓이게 된다. 그러나 원칙을 지키지 않고 버티다가 우연히 주식이 올라서 수익이 발생하면 잠깐은 좋을 수 있지만, 시장은 반드시 더 큰 금액을 빼앗아가게 된다.

매수 전 매도가격을 먼저 생각해야 한다

너무나 당연한 말이지만 우리가 주식을 매수하는 이유는 차익실현을 통해 수익을 보기 위해서다. 그러나 손실발생 상황은 1%도 염두에 두지 않고 오직 차익실현에만 목적을 둔다면, 매수 후 갑자기 떨어지는 주식을 보며 머리가 하얗게 되고 결국 아무런 행동도 못하게 된다. 매수 후 차익실현만 생각했을 뿐 손절에 대한 생각은 전혀 하지 않은 결과다. 특히 초 단위 매매를 하는 스켈핑의 경우 미리 매도 자리를 생각하지 않으면 매수 후 갑자기 급락이 나올 때 당황하며 끝까지 버티다가 −5~10% 최저점에 손절을 하게 된다. 그리고 정신을 차리고 보니 손실이 너무 커져 손절을 미루게 되는데 이는 단기 트레이더 입장에서 최악의 행동이다.

직접 매수를 하고 종목을 보유하면 그때부터는 이성보다는 종목 시세에 감정이 휘둘릴 수밖에 없다. 따라서 그나마 이성적인 판단을 할 수 있는 매수 전에 미리 -1%든 1분봉 5선 이탈 시 매도하겠다고 다짐을 하고 매수를 시작해야, 계획적인 매매를 할 수 있는 확률이 높아진다.

팔면 급등하고 버티면 하락하는 이유

초보 시절에 조정 없이 잘 올라가던 주식이 내가 매수하는 순간부터 하락을 시작하고 원칙대로 제때 손절하지 못해 본전까지 버티고 버티다가 공포에 손절하면 주식은 그때부터 급등을 시작하는 경험을 한 번쯤 해봤을 것이다. 반대로 팔지 않고 버티면 끝까지 떨어져서 큰 손실을 입게 되는 경험도 많이들 해봤을 것이다. 관찰자가 없을 때 파동으로 존재하다가 관측이 시작되면 입자로 존재하는 양자역학의 이중슬립처럼 누가 내 계좌를 보고 주식 시세를 조종하는 것은 아닌지 한번쯤 생각해본 적도 있을 것이다. 기본적으로 대부분의 주식시장에는 주가의 흐름에 절대적인 영향을 미치는 기관이나 외국인 또는 세력이 존재한다. 그러나 그들이 당신의 계좌를 매일 실시간으로 모니터링을 하면서 정확히 반대로 움직일 수는 없고 따라서 그것은 잘못된 생각이다.

그럼 왜 주가는 마치 내 계좌를 매일 들여다보면서 나를 조롱하듯이 반대로 가는 걸까? 이유는 내가 버티다가 손절하는 자리. 계속 보다가 도저히 참을 수 없어 매수 버튼을 누르는 자리가 다른 초보들의 눈에도 똑같이 보인다는 것이다. 즉. 내가 사는 그 자리. 내가 손절하는 그 자리에서 나 이외에 다른 초보자들도 똑같이 행동하면서 일정한 패턴이 만들어진다. 예를 들어, 내가 좋아 보이는 그 자리에서 1,000만 원의 매수를 하면 다른 초보투자자들 99명도 같은 그 자리에서 똑같이 1,000만 원의 매수를 한다는 것이다. 그럼 그 자리에서 1,000만 원씩 100명, 즉 10억 원의 매수가 들어오는 것이고 반대로 생각하면 누군가는 10억 원의 매도를 한다는 것이다. 이렇게 손바꿈이 일어날 때 나의 포지션은 고수 쪽에 속해 있는지 아니면 초보투자자들 쪽에 속해 있는지 깊이 생각해봐야 한다. 기관이나 외국인 세력들은 초보투자자들이 어느 자리에서 충동적으로 매수를 하고 매도를 하는지 잘 알고 있다. 만약 내 타점과 정확히 반대로 움직인다면 그것은 내가 소수가 아닌 다수의 초보에 속해 있다는 반증이다. 쉬운 예를 들어보자. 증권사 애널리스트가 발행한 증권사 리포트를 보면 보통 강력매수 목표가 상향은 매수를 권장하는 것이고 목표가 하향이나 중립은 매도를 권장하는 경우가 많다.

그럼 주가는 증권사 리포트대로 움직일까? 장기적으로는 리포트대로 갈 수 있지만 당일 또는 일주일의 흐름을 보면 오히려 반대로 움직이는 경향이 있는데 이것도 리포트를 쓴 애널리스트가 악의적인 의도로 한 것이 아니다. 애널리스트는 있는 그대로 작성을 했지만 그 리포트를 전적으로 믿고 바로 매수를 하는 것은 대부분 경력이 짧은 개인 트레이더라는 것이 문제다. 즉, 기관이나 외국인은 이미 자체 분석을 통해 저가에서 물량을 모았고 충분히 수익이 발생한 상황이다. 그런데 물량이 많다 보니 대량거래량이 터지지 않으면 자체 매도물량이 주가를 훼손시킬 수 있어 기회를 엿보고 있다. 이때 증권사 리포트가 발행되어 개인투자자들의 매수가 급격히 들어오며 거래대금이 터진다. 때를 놓치지 않고 보유금액이 큰 기관이나 외국인 등 큰돈을 다루는 세력들은 탈출 기회로 삼는다. 그리고 리포트를 본 개인투자자들은 매수 후 손실을 보며 오늘도 애널리스트를 욕한다.

반대로 고점에 물려서 주가가 계속 하락 중인 주식이 있다. 손실로 보유 중인 상황이 오래되다 보니 심리도 안 좋아진 상황인데 이때 저점에서 해당 주식에 목표가 하향 리포트가 발행된다. 그 리포트를 보며 개인투자자들의 매도심리가 더 강해져 주가를 매도하게 되는데 이때 나뿐만 아니라 매도하는 개인투자자들이 다수 발생하고 (대량 개인매도), 반대 포지션에서는 자체적으로 분석한 기관이나 외국인 등 큰손이 들어오며 손바뀜이 일어난다. 즉, 초보에서 고수로 주식이 이동한 것이다. 주가는 이때부터 약속이나 한듯이 날아오르기 시작한다. 내가 하는 매매에서 계속 이런 엇박자가 발생한다면 나의 포지션이 초보투자자, 즉 대중에 속해 있는지 아니면 그 반대편의 현명한 기관 및 외국인 큰손에 속해 있는지 한번은 진지하게 생각을 해봐야 한다.

목표금액에 대한 집착

처음 단타를 하는 초보투자자들의 안 좋은 습관 중 하나는 수익금액을 딱 떨어지는 가격에 맞추려고 하는 것이다. 예를 들어, 오늘 목표금액을 30만 원으로 정해놓고 매매를 하다가 오전에 29만 원의 수익을 냈다. 사실 30만 원이나 29만 원이나 별 차이가 없으니 목표를 달성했다고 볼 수 있지만 정확히 30만 원을 맞춰야 직성이 풀리는 사람들은 나머지 금액 만 원 더 벌려고 하다가 기존에 벌어놓은 29만 원마저 다 날리는 경험을 하게 된다. 이 글을 읽은 독자들도 이런 경험을 해봤을 것이다. 이것도 심리적인 요인이 매우 크다고 생각한다.

자, 한번 생각을 해보자. 내가 오늘 처음부터 계획한 비중으로 원칙에 맞는 종목을 찾아 원칙대로 매매했으면 그 수익금이 29만 원이 될 수도 있고 31만 원이 될 수도 있다. 아니면 하루 수익금이 만 원 또는 손실일 수도 있다. 결과에 상관없이 옳은 방향성으로 원칙에 맞는 매매를 했다면 기회는 오늘뿐만 아니라 앞으로 무한하게 있으므로 결국 계좌는 우상향한다.

하지만 손실이 발생해서 플러스로 돌리기 위해서 또는 딱 떨어지는 목표 수익금액을 맞추기 위해서 하는 매매의 경우, 내 기준에 맞지 않은 종목을 무리하게 매수하는 일이 많이 발생한다. 이런 매매는 수익이 나더라도 원칙에 어긋난 감에 의존한 매매로 나중에 그 대가를 치르게 된다. 따라서 하루 수익금액에 집착하지 말고 원칙대로 매매해야 하며 이후 내 기준에 맞는 매매가 없으면 인정하고 쉬어야 한다. 그것이 장기적으로 내 계좌를 지키고 계좌가 우상향하는 길이다.

나를 조종하는 도파민

도파민이란 중추신경계에 존재하는 신경전달물질로, 성취감, 보상감, 쾌락을 주고 인체를 흥분시켜 살아갈 의욕과 흥미를 느끼게 한다. 목표를 설정하고 그 목표가 달성될 때 큰 보상감을 느끼게 하여 사업가에게 동기를 부여하는 것도 도파민의 순기능이라고 할 수 있다. 도파민은 인체에 고통을 받을 때 또는 크게 긴장을 했을 때도 반대급부로 활성화되기도 한다. 혼자 숲속을 걷다가 갑자기 호랑이가 앞에 나타나자, 생각할 겨를도 없이 미친 듯이 도망쳐서 위기를 벗어나고 보니 그제서야 온몸에 멍이 들고 상처가 보이기 시작하며 아프다. 도망칠 때 나무에 부딪친 고통을 잊게 해주는 것도, 그 위기를 벗어날 수 있는 초인적인 힘을 발휘하게 해주는 것도 도파민의 영역이라고 할 수 있다.

이처럼 도파민은 현재 인류가 지구에 살아남을 수 있게 해준 막대한 영향력을 가진 고마운 호르몬이다. 그러나 지금 시대는 길을 가다 갑자기 호랑이를 만날 일도 없고 극도의 흥분상태를 지속할 부족 간의 싸움도 없다. 현재 도파민이라는 단어가 가장 많이 쓰이는 곳은 마약 관련 글이나 뉴스일 것이다. 마약은 도파민을 활성화시켜 짜릿한 쾌감을 인위적으로 만든다. 유튜브 중독, SNS 중독 등도 전부 도파민에 중독된 것이라 할 수 있다. 자, 그럼 주식에 도파민을 대입해보자. 우리가 원칙대로 매매를 하면 도파민은 활성화되지 않는다. 우리가 예상하지 못한 상황이나 자신을 흥분시키는 짜릿한 불확실성이 만들어지지 않기 때문이다. 원칙대로 매매해서 수익이 나면 차익을 얻고 손실이 나면 손절하면 그만이다. 그러나 복권을 사듯 예측할 수 없는 축구경기를 보듯 원칙 없는 급등주를 매수하고 결과를 기다리면 그때부터 도파민이 활성화된다. 이쯤되면 주식과 도박의 경계가 없어지는 것이다.

도박에 빠져 시간가는 줄 모르고 있다 보면 어느새 내가 가진 모든 돈을 잃고 나서야 카지노를 나가며 후회하게 된다. 주식투자도 원칙과 수익에 초점을 맞추지 않고 나를 흥분시키는 매매에 초점을 맞추면, 수익은 후순위가 되어 버리고 오직 도파민이 활성화되는 매매만 하게 된다. 지금 당장 나를 흥분시키는 급등주를 모두 사게 되고, 흥분되는 뉴스가 나오면 냉정한 분석 없이 무지성으로 매수를 반복한다. 이때 중요한 것은 수익도 수익이지만 손실이 나서 손절할 때도 도파민은 고통에 대한 보상으로 더 활성화가 된다(내 몸에 상처가 나 고통을 느끼면 오히려 도파민이 활성화되는 것과 같은 원리다). 나도 모르게 호르몬에 의해 손실 쪽으로 무의식이 이동하는 것이다. 나는 수익이 간절한데 내 무의식은 손실을 바라고 있다니 정말 소름끼치는 일이 아닐 수 없다.

그렇게 장이 끝나고 나면 계좌는 크게 손실이 나 있고 매매한 종목은 수십 개가 넘어 간다. 보통 도파민에 중독되어 매매한 사람들은 장이 끝나고 다시 제정신이 돌아오면 내가 장중에 뭘 한 거지? 마치 내가 아닌 사람이 매매한 것처럼 느껴지는데 이것이 도파민 중독 매매의 특징이다. 도박중독, 섹스중독, 술 담배 중독, 매매 중독 모두 도파민이 만들어낸 폐해다. 인정하기 싫겠지만 본인이 위 사례처럼 매매를 하고 있다면 반드시 그 사실을 인지하고 고쳐나가야 한다. 도파민의 노예가 될 때 우리는 원칙을 잊고 쾌락을 쫓는 패배자가 된다.

한국주식 vs 미국주식

이 글을 읽는 독자들 중에 향후 단기투자로 수익금이 늘어나 3년 이상 장기투자할 주식을 찾는다면 국내주식 30%, 미국주식 70% 정도로 비중을 세팅하라고 권하고 싶다. 단기투자는 한국, 장기투자는 미국이 유리하다. 증시는 현재보다 미래 성장에 대한 기대감에 더 민감하게 반응하는 곳이다. 현 분기 영업이익이 마이너스를 발표하더라도 향후 1년 안에 큰 성장이 예상되면 주가는 곧 급등할 가능성이 높아진다. 이런 상황은 어느 시장에서나 동일하지만 훨씬 더 빠르고 예민하게 반영되는 곳이 한국 주식시장인 것이다.

증시 흐름은 그 나라 투자자들의 성격을 반영한다는 말이 있다. 우리나라 사람들은 열정적이다. 바꿔 말하면 성격이 급하고 결과를 빨리 알아야 직성이 풀리는데 이러한 특징은 주식시장에서도 그대로 나타난다. 그러다 보니 작은 뉴스에도 명분을 섞어 급등주, 테마주가 굉장히 잘 만들어진다. 또한 IPO 장벽도 상대적으로 낮다 보니 시총 500억 원, 1,000억 원 스몰캡 종목도 쉽게 상장한다. 참고로 국내에 상장된 종목은 2,500개가 넘는데 증시 시총이 비슷한 독일이 약 800개인 것을 감안하면 상대적으로 작은 스몰캡 종목이 많이 상장되어 있다고 할 수 있다.

상황이 이렇다 보니 시총이 가벼운 스몰캡 종목의 폭등과 폭락도 많이 일어난다. 뉴스가 나와서 잘 읽어보면 큰 연관성이 없는 거 같은데 그 재료를 명분 삼아 100% 넘게 급등하는 종목이 있는

가 하면 반대로 작은 악재에도 폭락하는 경우도 흔하다. 또한 기업공개(IPO)가 비교적 쉽다 보니 반대로 상장폐지도 많아 개인투자자들의 피해로 이어진다. 이런 경험이 계속 누적되어 국내증시에서는 10~20년 전만 해도 가치투자가 상대적으로 많았으나 지금은 단기투자자들이 점점 늘어나고 있는 추세다.

실제로 한국 기업들이 주주보다는 최대주주 중심의 경영을 펼치면서 이에 실망한 국내 투자자들 사이에서 기업에 대한 신뢰가 떨어지며 주식을 단기로 트레이딩하는 인구가 많아지고 있다. 물론 현재에도 국내주식 장기투자로 큰돈을 버는 슈퍼개미들이 있다. 그러나 최근 트렌드가 장기투자의 경우 주주들을 많이 보호해주고 기업도 투명하게 운영하는 미국주식을 선호하고 단기투자의 경우 변동성이 좋은 국내주식을 선호하는 추세다(개인적으로 이 추세는 바뀌길 바란다).

단타를 할 때 재무제표를 봐야 할까?

일단 결론부터 말하면 단타를 하는데 재무제표는 참고만 하면 될 뿐 중요하게 생각할 필요가 없다. 단기투자는 당일 매수, 당일 매도 또는 최대 일주일 정도 단기스윙으로 들고 가는 것이다. 단타는 종목을 보유하는 기간을 최대한 짧게 가져가면서 보유기간에 나올 수 있는 악재를 최대한 피하는 매매법인 것이다. 제무제표에는 전 분기까지의 영업이익과 현금흐름, 다음 분기의 컨센서스 등이 아주 자세하게 나와 있다. 실적발표 시즌에 맞춰서 일부로 단타를 하는 것이 아니라면 대부분 주가 움직임은 당일 시황 수급에 훨씬 큰 영향을 받는다.

예를 들어, 내가 매매하는 날짜가 11월 초라면 이미 재무제표상 3분기 실적은 반영이 되어 있기 때문에 지금 주가의 단기시세에 영향을 주지 않는다. 만약 실적이 파급력이 컸다면 실적발표 전후로 주가에 큰 움직임이 있었을 것이다. 타이밍이 중요한 단기투자의 세계에서 종목을 선정한 후 재무제표를 유심히 보는 것은 황금 같은 기회를 날려 버릴 수 있기 때문에 오히려 독이 된다. 다만 1박 2일 또는 일주일 정도 끌고 가는 단기스윙 투자를 할 때 재무구조가 엉망인 회사는 예상 못한 대규모 유증 등이 나올 수 있어서 이 정도는 보고 투자를 해야 한다.

또한 3월은 상장폐지 시즌인데 이때 3년 연속 적자 등 누가 봐도 시장에서 소외되어 있고 돈을 못 벌고 있는 회사의 경우 감사의견 거절 등이 나올 수 있다. 시장에서 잘 쳐다보지 않는 소외주나 거래대금이 하루 10억 원도 안 터지는 종목들만 피하면 된다. 주식을 1년만 공부해도 이런 회사들은 자연스럽게 걸러내는 안목이 생긴다.

군중심리와 주식

'군중심리'의 사전적 의미는 '개인이 정보를 갖고 있지 않은 상황에서 다수의 사람들이 하는 선택을 따라하는 현상'이다. 한 남자가 산길을 걷고 있었다. 그런데 맞은편에서 다수의 사람들이 놀라며 무언가에 쫓기듯 남자 쪽으로 뛰어온다. 이 남자는 생각할 겨를도 없이 본능적으로 걸어온 반대편으로 그 사람들과 함께 뛴다. 무의식적으로 사람들이 맹수 같은 위험한 존재에 쫓긴다고 생각하는 것이다. 이렇듯 군중심리(집단심리)는 개인보다 다수의 판단을 더 중요하게 생각함으로써 나 자신을 지키고 간접경험만으로도 많은 시행착오를 줄여준다.

그런데 이 군중심리가 주식시장에서는 계좌를 갉아먹는 주원인이 된다. 평소에 관심 없던 주식이라도 뉴스나 증권방송 그리고 주변사람들이 이야기를 시작하면 좋아 보인다. 많은 사람들이 좋다고 하는 주식을 비판적 판단 없이 그대로 받아들이게 되는 것이다. 주식시장은 소수가 돈을 버는 곳이다. 냉정하게 들리겠지만 개인투자자 모두가 돈을 버는 주식은 없다. 모두가 좋다는 주식이 올라가면 소수가 돈을 잃고 다수가 돈을 벌어야 한다. 하지만 주식시장은 5% 미만의 소수가 전체 95%의 돈을 가져가는 차가운 피가 흐르는 곳이다. 따라서 대중들의 말에 휘둘리지 않은 기준과 원칙이 있어야 한다. 이런 기본기가 없는 사람들이 흔히 귀가 얇고 타인의 말에 휘둘리며 군중심리에 의존하게 된다.

차트의 왜곡

우리가 주식을 매수하기 위해 처음 그 기업을 볼 때 90% 이상은 재무제표보다 차트를 먼저 본다. 그리고 각자의 생각대로 차트를 해석하게 된다. 만약 보고 있는 주식의 차트가 좋아 보이고 저가매수가 가능해 보이면 매수를 할 것이고 반대로 높아 보이면 매수를 보류할 것이다. 그렇다면 우리가 늘 보고 있는 차트 그 자체는 왜곡이 없을까? 주가의 고평가, 저평가 여부와 관계없이 차트의 왜곡으로 우리가 오판하고 있다면? 당연히 이것을 인지하고 바로잡아야 한다.

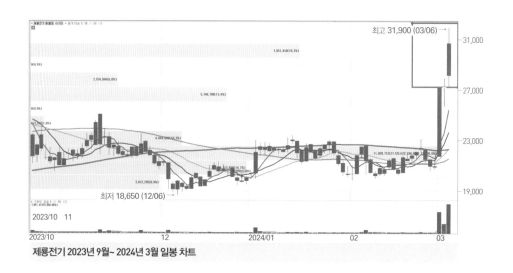

제룡전기 2023년 9월~ 2024년 3월 일봉 차트

위 차트를 보자. 주가는 박스권 횡보를 거듭하다 3일 만에 50%가 넘는 폭등을 보여주며 화면 오른쪽 꼭대기까지 올라가 있다. 개인투자자들은 보통 이런 차트를 보면 직관적으로 더 이상 화면 위쪽으로 올라갈 자리도 없고 무의식적으로 단기간 너무 많이 올랐기 때문에 곧 떨어질 것이라고 생각한다. 저 자리에서 매수를 해서 보유 포지션을 취하는 것은 높은 빌딩 꼭대기 난간에 위태롭게 서 있는 것과 비슷하다고 느끼는 것이다.

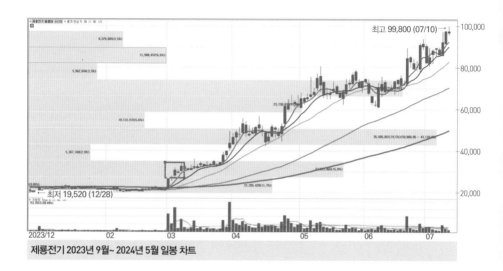

제룡전기 2023년 9월~ 2024년 5월 일봉 차트

자, 그럼 다시 위 차트를 보자. 빨간 박스로 표시한 자리가 바로 아까 그 빌딩 꼭대기 난간처럼 높다고 느껴졌던 자리다. 주가는 그 이후로 무려 100% 이상 폭등했다. 이 화면에서 다시 보니 그 자리가 바닥이었다. 분명 얼마 전 화면 오른쪽 꼭대기까지 올라와 심리적인 공포를 느꼈던 자리가 지금은 바닥처럼 느껴진다. 다른 사례를 더 살펴보자.

최고 39,500 (09/07) →

최저 20,500 (10/19) →

티로보틱스 2023년 7월~2023년 10월 차트

위 차트를 보면 고점 39,500원 대비 박스표시 지점까지 −50%
반토막이 되었다. 이 차트를 보고 신규매수자들은 고점 대비 절반
가격이니 충분히 조정받았다고 생각하고 분할매수에 들어갈 것이
고, 손실 보고 있는 기존 보유자들은 충분히 조정받았으니 이제 반
등이 나올 것이라 기대하고 물타기에 들어갈 것이다. 현재 주가의
위치도 화면 오른쪽 아래 끝에 위치해 시각적으로 바닥처럼 보인
다. 그러나 주가는 어떻게 되었을까?

티로보틱스 2023년 7월~2024년 5월 일봉차트

　　주가는 이후에도 하락에 하락을 거듭하며 15,000원까지 조정을
받았다. 제룡전기 차트를 보면 분명 시각적으로 마음이 불편한 자
리가 지나고 보면 추가로 100% 이상 상승한 맥점이었고, 티로보틱
스 차트를 보면 분명 시각적으로 안정감 있는 자리가 지나고 보면
추가 급락의 위험성이 있는 위험한 자리였다. 이렇게 우리는 그 종
목의 본질은 보지 못하고 우리가 가지고 있는 선입견에 따라 주가
를 보려는 경향이 강하다. 결국 심리적 안정감과 불편함에서 오는
왜곡 현상인데 이 심리를 극복하고 본질을 정확히 볼 줄 알아야 차
트도 객관적으로 판단할 수 있다. 우리가 차트를 보고 단순히 싸다
고 혹시 비싸다고 느끼는 것이 본질적으로 틀릴 수 있다는 것을 명
심하기 바란다.

주식시장의 음모론

주식의 시세를 분석할 때 가장 많이 나오는 단어가 세력일 것이다. '세력들이 개인들을 털기 위해 일부로 누른다', '세력들이 주가를 크게 올리기 위해 매집을 하고 있다', '시간 외에서 급등시킨 것은 세력들이 내일 차익실현을 하기 위한 준비과정이다' 등 우리는 사실상 세력이라는 단어만 붙이면 거의 모든 주식의 흐름을 설명할 수 있다. 그럼 세력은 과연 무엇일까? 과거에 세력은 명동 사채업자나 정치자금 등 어두운 돈을 지칭하는 단어로 많이 쓰였지만 현재는 주가에 영향을 주는 메이저 수급 전체를 지칭하는 경우가 많다. 주가에 절대적인 영향을 주는 존재라면 기관, 외국인, 프로그램, 개인, 큰손 등 모든 주체를 우리는 세력이라고 부른다. 필자도 당연히 세력의 의지에 따라 주가가 움직이는 경우가 상당히 많다고 생각하고 그들을 연구하는 것이 옳다고 본다. 그러나 단기매매에 있어서 세력 음모론에 빠지게 되면 판단을 잘못할 가능성이 높아져 주의가 필요하다.

예를 들어, 단기로 매수한 종목이 −3%가 되어 손절 기준이 되었다고 하자. 이때 원칙대로라면 다른 생각 없이 손절하고 다른 종목을 찾으면 된다. 그러나 세력에 대해 너무 깊은 생각을 하면 지금 이렇게 하락하는 것은 개인투자자들을 따돌리기 위한 의도적인 하락이라고 생각하게 되고 정작 손절을 해야 될 때 못하게 된다. 개인들을 손절시키고 난 후 주식이 다시 올라간다고 굳게 믿고 있으면 절대 손절을 할 수 없는 것이다. 물론 자신의 생각대로 잠깐의 하락이 끝나고 급반등을 하는 경우도 많다. 그러나 -3%가 -5%~-10%까지 떨어지는 과정에서도 '곧 세력들이 올려줄 거야', '그들도 평단이 높기 때문에 손해 보는 행동은 안 할 거야' 이런 식으로 생각하는 것은 거의 망상에 가깝다. 이런 사고 패턴으로는 모든 시세가 다 세력의 의도로 보이기 때문에 제대로 된 판단을 하기 어렵다. 내가 팔면 급등하는 것도 세력의 의도, 내가 사면 떨어지는 것도 세력의 의도라고 생각하며 주식을 하면, 나중에는 세력 때문에 내가 망했다는 피해망상에 빠지게 된다.

거래량이 거의 없는 스몰캡 종목의 시간 외 상한가나 특정주 띄워서 팔아먹기 등 다분히 의도되고 조작된 시세는 분명히 있다. 그러나 하루 거래대금이 몇 천억 원, 몇 조 원씩 터지는 종목들의 경우 기관 외국인뿐만 아니라 전국의 모든 개인 트레이더들이 다 주목하고 많은 참여를 하기 때문에 특정 주체가 100% 시세를 만들 수는 없다고 본다. 따라서 거래대금이 압도적으로 많은 시장의 주도주일수록 주가는 자연스럽게 움직일 수 있고, 단기매매도 거래대금이 많은 곳에서 해야 수익을 볼 확률이 올라간다.

프로스펙트 이론

2002년 노벨경제학상을 수상한 심리학자 대니얼 카너먼 교수는 인간의 의사결정은 합리적이지 않다는 전제를 바탕으로 프로스펙트 이론을 만들었다. 이 이론은 크게 의사결정이나 선택의 기준이 절대적인 기준보다는 개인의 경험에 따른 준거에 맞춰져 있다는 '준거 의존성'과, 이익이나 변화의 폭이 작을 때는 민감하게 반응하지만 변화의 폭이 커질 경우 민감도가 감소한다는 이론인 '민감도 체감성' 그리고, 주식에서 손절을 못하는 원인인 '손실 회피성'에 근거한다. 여기서 계좌수익에 가장 큰 영향을 미치는 심리는 바로 손실 회피성이다. 인간은 같은 액수의 이익보다 손실을 더 크게 느끼고 기억한다는 것으로 단타매매로 100만 원을 벌었을 때보다 100만 원을 잃었을 때 약 2~2.5배 더 큰 고통을 느낀다는 것이다. 절대금액으로 보면 100만 원의 수익과 100만 원의 손실은 같다. 그러나 이로 인해 느끼는 감정 데미지는 손실 100만 원이 훨씬 크기 때문에 우리는 이익이 발생하면 그 이익을 빨리 확정하여 손실로 전환되는 것을 회피하려 하며, 반대로 손실이 발생하면 손절을 통해 손실을 확정시키기보다는 물타기를 통해 마이너스를 줄여 손실을 미루게 된다는 것이다.

다른 상황을 예로 들어보자. 만약 A를 선택하면 100%의 확률로 1,000만 원을 받고, B를 선택하면 50%의 확률로 2,000만 원을 받는다고 하자. 이 상황에서 대부분의 사람들은 100% 확실하게 1,000만 원을 받을 수 있는 A를 선택할 것이다. B를 선택하면 2,000만 원을 받을 수도 있지만 50% 확률로 돈을 한푼도 못 받을 수 있기 때문에 모험을 할 필요가 없다고 생각한다. 그런데 만약 자신이 2,000만 원의 대출이 있다고 가정하자. 조건은 A와 B가 똑같다. 이 상황에서는 많은 사람들이 A를 선택하기보다는 B를 선택한다. A는 100% 확률로 1,000만 원을 받을 수 있지만, 그럼에도 1,000만 원의 빚이 남아 버리기 때문에 50% 확률로 2,000만 원을 선택해서 한 번에 자신의 빚을 탕감하려고 하는 것이다. 확률과 절대금액은 전혀 바뀌지 않았는데 본인의 상황에 따라 이렇게 비합리적인 판단을 하게 된다. 이것을 주식으로 적용하면 평소에 적절한 금액으로 매매를 잘하고 있다가 갑자기 손실이 발생해서 이 손실을 만회하기 위해 레버리지를 최대한 일으켜 신용미수로 불확실한 종목에 배팅하는 것과 같다. 오늘 장이 마감하기 전에 계좌 손실을 피하고 싶기 때문이다.

이렇게 원칙에 맞지 않은 매매를 하면 결과는 안 봐도 뻔하다. 사람이 동물과 다르게 사회와 문명을 이루고 사는 것은 이성적 사고가 가능하기 때문이다. 그러나 사람도 단타매매와 같이 순간적인 판단력을 요구할 때 이성보다는 본능이 앞서는 경우가 훨씬 많다. 수익은 짧게 손실은 길게 가져가거나 순간적인 충동으로 미수 몰빵을 하는 것도 결국 인간 본능에 충실한 결과다. 그래서 우리는 이 본능을 매일매일 인지하고 극복하려고 노력해야 한다. 그렇게 노력하여 극복한 투자자만이 진정한 경제적 자유를 얻을 수 있다.

100만 원을 1억 원처럼 매매해야 하는 이유

단기매매를 시작하는 사람들이 가장 많이 하는 실수가 소액으로만 할 수 있는 매매를 통해 경험을 쌓는 것이다. 예를 들어, 거래량이 없는 스몰캡 급등주나 우선주 매매를 통해 수익금을 늘려가고 노하우를 축적하는 것인데, 10만 원, 100만 원으로 매매할 때는 전혀 문제가 없다. 그러나 수익금이 쌓여서 같은 기준으로 1,000만 원~1억 원을 가지고 매매를 하게 되면 소액으로 했던 매매가 오히려 독이 되어 버린다. 우리가 소액으로 주식을 시작하는 이유는 경험을 쌓아갈 때 큰 돈으로 하면 발생할 수 있는 리스크를 최소화하기 위함이지 평생 소액으로 매매하기 위해서가 아니다. 충분한 실력이 뒷받침이 된 이후에는 투자금이 늘어나면서 자연스럽게 시장의 수도주나 거래대금이 풍부한 종목에서 매매를 할 수밖에 없다. 따라서 10만 원, 100만 원 소액으로 매매를 하더라도 1,000만 원~1억 원이라는 생각으로 매매를 해야 앞으로 더 큰 트레이더로 성장할 수 있고 시행착오를 줄일 수 있다. 꼭 명심하기 바란다.

종목은 목적이 아닌 수단이다

우리가 주식 매매하다 보면 종목과 감정싸움을 할 때가 있다. 예를 들어, 마음에 드는 종목을 발견하고 매수하면 하락해서 원칙대로 손절하면 다시 상승하고, 기준에 맞는 자리가 다시 와서 매수하면 또 하락하고, 이런 식으로 몇 번 당하고 약이 오르면 반드시 이 종목으로 수익을 내서 승리의 기분을 느끼고 싶다. 이때부터 종목을 돈을 벌기 위한 수단이 아닌 목적 그 자체가 되어 버리는 것이다. 또 다른 경우는 해당 종목에 대한 분석을 심도 있게 하고 난 후 강한 확신을 가지고 그 종목과 사랑에 빠지게 되는 것이다. 가치투자자들 사례지만 기업탐방을 가서 관련자들을 만나고 기업에 대한 확신이 커지면 이때부터 종목을 제3자의 눈으로 보는 것이 아닌 종목 그 자체를 주식의 목적으로 대한다. 물론 장기투자자들에게는 기업을 심층 분석하는 것이 꼭 필요한 작업이지만 단기종목을 이런 식으로 생각하게 되면 악재가 나오거나 시장의 흐름이 변화했을 때 이성적인 판단이 어려워져 빠르게 매도할 수가 없다. 종목에 감정이 생겨 버리는 것이다.

우리가 주식을 하는 이유는 아주 단순하다. 돈을 벌기 위해서다. 종목은 내가 돈을 벌기 위한 하나의 수단이 되는 것이다. 수단으로 활용해야 할 종목에 감정을 넣어 끌려다니게 되면 주객이 전도되어 원하는 목적을 절대 이룰 수가 없다. 특히 단기투자자 입장에서는 더욱 그렇다. 일주일 전 매매했던 종목에 큰 상처를 받아 현재까지 힘들다면 분명 잘못된 것이다. 하루에 3번~5번만 매매해도 1년이면 1,000번이 넘는 매매를 한다. 매매하는 순간에는 그 종목이 제일 좋아보여도 며칠만 시간이 지나면 그때 어떤 종목을 매매했는지 기억도 나지 않는다. 단기투자자에게 종목은 인스턴트 같은 것이다. 종목을 수단으로 원하는 바를 이루기 위해 차익 그것이 아니라면 손절하고 다른 종목을 찾자.

고독을 받아들이는 방법

인간은 집단에 소속되어 있어야 안정감과 편안함을 느낀다. 그러나 주식은 결국 혼자 하는 게임이다. 직장을 퇴사하고 전업을 하게 되면 한두 달은 혼자라는 자유로움을 느낄 수 있지만 이후 손실이 반복되고 심리가 약해지면 개인이나 집단에 의존하고 싶어진다. 즉, 고독을 받아들이고 이해하는 것이 아닌 회피의 대상으로 삼게 된다. 주식투자에서 어떻게 보면 가장 어려운 것이 이 고독을 다루는 것이다.

사람마다 태생적으로 혼자 있는 시간을 즐기는 사람이 있는 반면 잠시의 외로움을 못 참는 사람도 있다. 이것은 각자 갖고 있는 개인의 성향이다. 고독을 잘 받아들이지 못하는 누군가는 오랜 기간 이어온 고독을 견디지 못해 주식투자를 포기하기도 하고 또 누군가는 잘못된 집단에 돈과 정신을 의지해 다시 한참을 돌아가게 된다. 수익과 손실이 반복되며 계좌가 개선되지 않은 상황에서 고독한 시간이 길어지면 우울증과 공황장애를 겪을 수도 있다. 이 정도 수준이 되면 본인뿐만 아니라 가족 전체가 힘들어진다. 돈을 벌려고 시작한 주식이 인생 전체를 망쳐버리는 것이다.

우리가 주식을 가볍게 하는 것이 아닌 전업이나 직업으로 삼기 위해서는 먼저 나의 성격을 객관적으로 파악해야 한다. 고독을 견디지 못하는 성격이라면 나의 고독과 함께 해줄 취미생활이나 다른 해결책이 반드시 있어야 한다. 예를 들어, 저녁에 꾸준히 운동 모임에 나가며 스트레스를 풀거나 아니면 다음날 지장을 주지 않을 정도의 가벼운 일을 하는 것이다. 건강한 정신과 건강한 육체가 뒷받침되어야 주식투자도 성공할 수 있다.

머릿속에 있는 생각을 텍스트로 있는 그대로 표현한다는 것이 처음에는 상당히 어려웠다. 이 타점에서 매수할 때나 매도할 때의 감각을 책으로 전달하여 독자들도 똑같이 느끼게 할 수 있을까? 책을 쓰면서 수백 번 수천 번 스스로에게 던진 질문이다. 또한 시간이 많이 흘러 내 자녀가 이 책을 보고 주식 공부를 해도 될 만큼 디테일과 주식 본질적 요소에 신경을 많이 썼다. 10년, 20년 후에도 종목은 바뀌겠지만 주식의 기본 흐름은 크게 변하지 않는다고 믿기 때문이다.

앞으로 이 책의 가치는 책을 읽고 깨달음을 얻은 독자가 증명할 것이라고 생각한다. 성공한 사람이 많이 나오면 나올수록 그것으로 나의 실력과 책을 쓴 이유도 증명될 것이다. 독자들의 성공을 진심으로 응원하는 바다. 대부분의 독자들은 나와 일면식도 없지만 사람 이창원의 진심이 독자들에게 전달되기를 바란다. 건승을 기원한다.

외워서 바로 써먹는
단타 공식

초판 1쇄 2024년 11월 11일
초판 2쇄 2024년 12월 9일

지은이 이창원
펴낸이 허연
편집장 유승현 **편집2팀장** 정혜재

책임편집 정혜재
마케팅 한동우 박소라 구민지
경영지원 김민화 김정희 오나리
디자인 김보현 한사랑

펴낸곳 매경출판㈜
등록 2003년 4월 24일(No. 2-3759)
주소 (04557) 서울시 중구 충무로 2(필동1가) 매일경제 별관 2층 매경출판㈜
홈페이지 www.mkpublish.com **스마트스토어** smartstore.naver.com/mkpublish
페이스북 @maekyungpublishing **인스타그램** @mkpublishing
전화 02)2000-2641(기획편집) 02)2000-2646(마케팅) 02)2000-2606(구입 문의)
팩스 02)2000-2609 **이메일** publish@mkpublish.co.kr
인쇄·제본 ㈜M-print 031)8071-0961
ISBN 979-11-6484-727-3(03320)